最新理論を人生に活かす

「量子力学的」実践術

Quantum Mechanics

村松大輔

Daisuke Muramatsu

サンマーク出版

はじめに

世の中には、身の回りに「いいこと」がたくさん起こる人がいます。
反対に、「悪いこと」ばかり起こる人もいます。
がんばっているのに結果が出ない。良い出会いがない。いつもお金がない……。
「ああ、なんて運がないんだ」と愚痴の一つもこぼしたくなりますよね。
わかります。私もそうでしたから。
もしかすると、この本を開いたあなたも「運がない」と嘆く一人かもしれません。

では、お聞きします。
「運」って何ですか？
明確に答えられる人はいないでしょう。なぜなら、運は見えないからです。
見えないくせに〝運〟の存在は信じている。そして「運に見放された」と嘆いたり、ときどき訪れる幸運に〝一喜一憂〟しながら、日々を過ごしているのです。

この本は「人生を良くしたい」「自分を輝かせたい」と思っている、すべての人に向けて書きました。

「努力してるのに結果が出ない」

「不運ばかりやってくる」

「不幸な星の下に生まれた」

などと思っている人は、とくに読んでほしい。

かつては私も、絶望の淵《ふち》にいる一人だったからです。

暗闇から救ってくれたのは、量子力学という新しい科学でした。

私が量子力学と出会ったのは大学のときですが、授業で学んだ程度です。当時は「目に見えない世界って面白いな」とワクワクしましたが、それ以上の勉強はしていません。

ところが社会人になり、仕事も人間関係もうまくいかず、うつ病になった私は、ふと、この学問を思い出し、学び直してみたのです。

自分の存在も含め、目の前のすべての物質や現象が、素粒子から成り立っていることを改めて確認しました。

すると、私たちが見ているもの、触れているものは、どれも不確かなもので、この世界のほんの一部でしかない。見えない中にこそ、すべての物質や現象の本質が隠れている、ということにも気づいたのです。

「この学問を、自分の生き方に応用したら、どうなるか?」

それからです。私の人生が大きく変わったのは。

この本は、量子力学の教科書ではありません。最新科学の理論を、生活の中で実践したらどうなるか、という〝活学〟の本です。

私を含め、多くの人たちが「人生に量子力学を取り入れたら、こんなに良くなった」という〝実践レポート〟でもあります。

ベースは科学ですから〝再現性〟があります。誰がやっても、いつやっても、同じ結果の出る〝法則性〟を見つけるのが科学の役割でもあるのです。

目に見えない「運」も「縁」も、量子力学を使えば、変えることができます。

多くの人が悩む、親子、夫婦、友人、恋人の「関係」も改善することができます。問題の根本原因は、相手と自分の間に存在する〝何か〟だからです。

お金や仕事の悩みも改善します。報酬や仕事の成功は、結果だからです。

原因があり、結果がある。「努力しても結果が出ない」というのは、自分が見えていない〝何か〟に原因があるのです。

誰もが疑問に思うような、見えない〝何か〟も見えてきます。

その〝何か〟とは、なんなのか？

それこそが量子力学の領域です。

古今東西の偉人や哲学者が答えを出せなかった「運とは何か」の真相も、本書で紹介する量子力学の実践から見えてくると思います。

そして、おそらく読者の多くは、こんな感想を抱くことでしょう。

しょせん、すべては周波数だったのか——。

読後、あなたの人生が大きく変わるのを楽しみにしています。

村松大輔

目次

プロローグ

第1章

「引き寄せ」を変える……37

第2章 「人間関係」を変える

第3章 「因果応報」を変える

第4章 「魂」を考える

第5章 「運命」を変える

エピローグ

魂からのメッセージ

装丁……萩原弦一郎（256）
本文DTP……朝日メディアインターナショナル
構成……山城稔（BE-million）
校閲……株式会社ぷれす
編集……新井一哉（サンマーク出版）

プロローグ
10分でわかる量子力学の世界

私たちの体はどうなっている？①

量子力学って、そもそもどういう学問でしょう？

Wikipediaにはこう書かれています。

「分子や原子、あるいはそれを構成する電子など、微視的な物理現象を記述する力学」

うーん、ちょっと難しいですね。

文部科学省の説明には、こうあります。

「量子の世界は、原子や分子といったナノサイズ、あるいはそれよりも小さな世界」

これでもまだ難しい。それはおそらく、小さすぎてイメージができないからです。

でも、〝自分のこと〟として考えると理解しやすくなります。

まずは、本をもちながら、あなたの手首あたりを見てください。毛穴や肌のきめが見えますね。

でも、目で見えるのはここが限界です。

そこで、今度は、肌を顕微鏡で拡大します。すると細胞が見えます（図1）。枠のように見える部分は「細胞膜」で、その中は「水」です。


細胞膜は、炭素（C）という「原子」が集まってできています。水は、水素（H）という原子と酸素（O）という原子の組み合わせでH_2Oという分子になっています。


中学の理科では「原子は物質の最小単位である」なんて言った先生もいるでしょう。そのため「原子より小さな物質はない」と思っている人もいるかもしれませんが、じつはさらに小さな〝ミクロの世界〟が存在します。

その中を覗《のぞ》いていきましょう。

図1●細胞の拡大図●

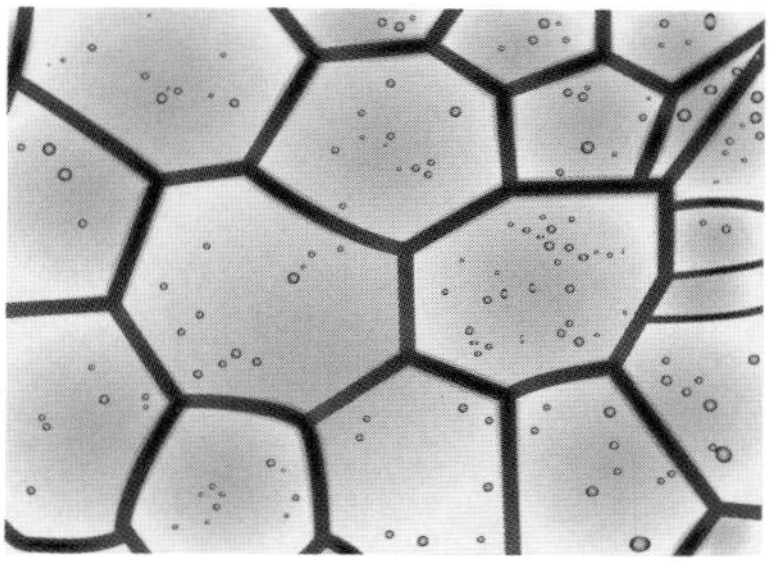

私たちの体はどうなっている？②

原子について、次のような図を見たことがあるでしょう。

学校ではこんなふうに教えてくれたはずです。

「原子の中心には『原子核』があり、その周囲を『電子』が飛び回っている」と。

　前著では、私はこんなふうに話しました。

「原子の中はガラーンとしている。たとえば、一つの原子が東京ドームくらいの広さだとしたら、『原子核』はその真ん中あたりに置かれたビー玉ほどの小さな球。そして、さらに小さな『電子』が、広い空間を自由に動き回っている。つまり、原子の中はほぼ空っぽ、スカスカだ」

　でも前著を出した後、もっと適切な表現があることに気づ

図２●原子の模式図●

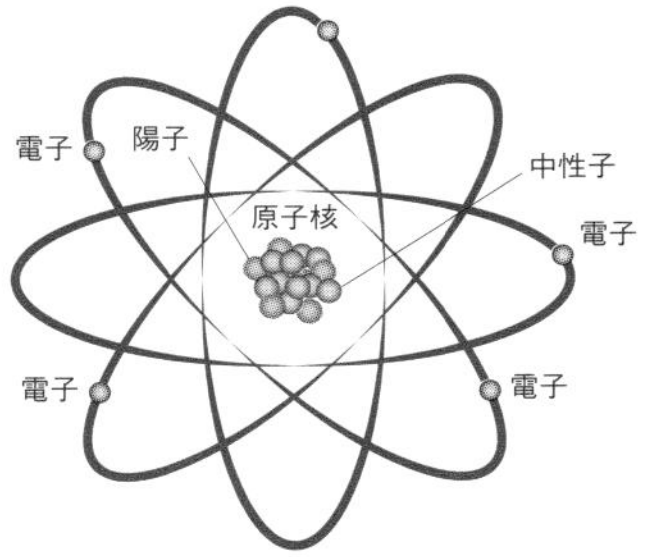

きました。それが左の図です（図3）。

「え？　真っ黒じゃん。印刷ミスじゃね？」

と思ったでしょうか？

でも、印刷ミスではありません。

素粒子（電子やクォーク）は、いつも存在するわけではないので、原子の中は、このように〝真っ黒な状態〟というのが正解なのです。

ただし、ずっと真っ黒というわけではありません。素粒子は、一瞬のうちに何度も現れたり消えたりします。

でも、どこに現れるかわかりません。

図3●原子のある瞬間●

次ページの図4は、素粒子が現れたときの写真です。真ん中に大きな円があり、その周りに小さな点があります。

中央の円は、原子核。周りの小さな点は、電子が「どこに出るかわからない」場所を示しています。

さて、私は、ここで何をお伝えしたいのか？

図４ ● 電子雲 ●

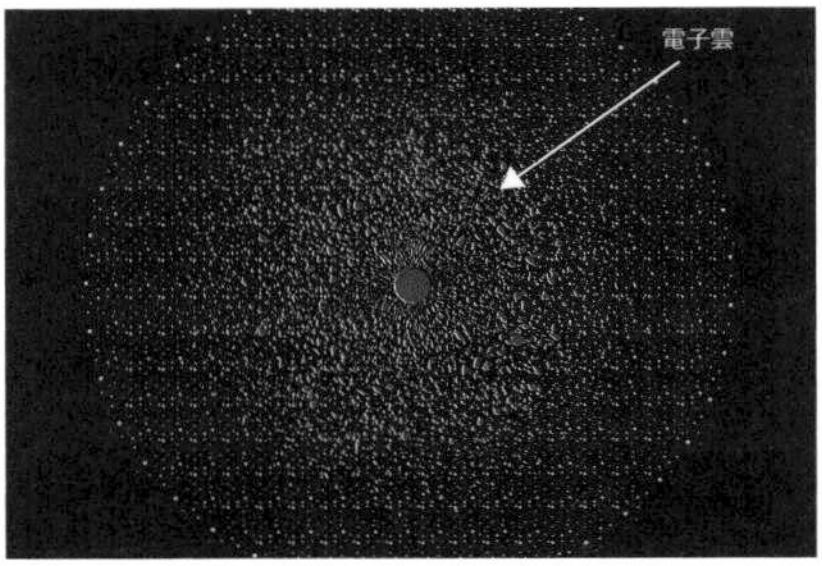

それは**「素粒子は実体のない存在だ」**ということ。

とても不確かで、あいまいな存在でしかありません。

原子の中にはこのような不確かな素粒子があり、その原子が集まって分子になり、それが集まって細胞になり、さらに細胞が集まって、私たちの体がつくられています。

つまり、不確かな素粒子がいくら集まっても、不確かです。**私たちの実体は、そのように不確かなもの**なのです。

もっと言うと、図３の〝真っ黒な状態〟が、私たちです(これについては、後ほど説明しますね。また、黒という色があるわけでもありません)。


私たちは、自分を〝確かなもの〟と考えていますが、じつはかなりあいまいな存在だということを、まずはみなさんに知っておいてほしいと思います。

原子の中に素粒子が現れたり消えたりする様子を表すシミュレーション動画があります。作者の遠藤理平様の許可を得て掲載させていただきます。スマホで左のＱＲコードを開いてもらうと、見ることができます。ちなみに、これを「電子雲」（エレクトロン・クラウド）と言います。

動画は水素原子の電子雲の様子を表したものですが、私たちの存在自体も、こういったモワモワした雲のようなものと考えていいでしょう。

量子力学って何？①
素粒子とは何か

では、原子の中にある〝素粒子の世界〟を見てみましょう。

物質を小さくしていくと「細胞→分子→原子→素粒子」となりますが、それ以上小さくできないのが素粒子です。

〝粒子の素〟というところから、素粒子と名付けられました。

素粒子は、とても不思議な振る舞いをするため、それまでの物理学の常識が通じませんでした。そこで新たな学問が必要となり、「量子力学」が誕生したのです。

つまり、量子力学は、素粒子の非常識な振る舞いを解明するための学問なのです。


では、どんなふうに非常識だというのでしょう？

たとえば、素粒子は**「見ていないと消える」**とか**「観測すると現れる」**など、こちらの意図を察知するような動きをします。

また、素粒子には時間が存在しません。

私たちの世界では「過去→現在→未来」と時間は連続していますが、素粒子の場合は**「過去と未来に同時に現れる」**ということも起こるのです。

さらに、素粒子は変身もします。

粒だった素粒子が波になったり、粒に戻ったりします。本当は粒ではないのですが、これについては30ページで説明します。

「量子力学を応用すれば奇跡が起こせる」と言われますが、それはこのような素粒子の不思議な性質によるものです。

現在、素粒子は17種類あることがわかっています。

大きく分けると「物質をつくる素粒子」（フェルミ粒子）と「エネルギー的な素粒子」（ボース粒子）の2種類です。

電子や原子核の中にあるアップクォークやダウンクォークは「物質をつくる素粒子」。

いっぽう、「エネルギー的な素粒子」にはフォトン（光子）などがあります。

フォトンは「光の素」ですが、このフォトンが、やはりここも〝主役〟になります。

後ほど詳しく話しますが、私たちの意識や感情の正体はフォトンです。

体も物質も、さらには起こる出来事も、すべてはフォトンの影響を色濃く受けています。

というより、フォトンこそがこの世のすべての現象を生み出す〝カギ〟と言えるのです。

量子力学って何？②

素粒子から見ると〝不思議体験〟はあって当然!?

人生のどん底にいた私が、量子力学を実生活で応用しようと思ったのは、このような仕組みを知ったからです。

それ以前は「どうしてうまくいかないんだ」「父と母のせいだ」「自分はダメな人間だ」と、心の中で人と自分を責めながら生きる人生でした。

でも、責めれば責めるほど、日々の状況は悪くなっていく。だから、ますます責めるようになる。その悪循環に陥っていたのです。

挙句の果てにはうつ病になり、仕事以外、外に出られないようになりました。

ところが、量子力学を学び直し、実生活で活用し始めると、ウソのように人生が好転しだしたのです。

最初は、わけがわかりませんでした。「たまたまだろう」と信じられない気持ちでした。ですが、次第に確信へと変わっていきます。

先ほども話したように、科学は再現性が求められます。いつ、誰が試しても、同じ結果になることが求められます。

そこで私は、量子力学の理論を学び、仮説を立て、暮らしの中で実践する、ということをさらに続けていきました。

私が講演会や本を通じてお話しするのは、私自身の体験や、多くの人の実践例が元になっています。

もしもあなたが今、人生を変えたいと思っているなら、このような実体験があなたにとってのみちしるべになってくれるはずです。

この本では、それらをできる限り詳しく紹介しますが、その前にもう少しだけ、量子力学の勉強を続けましょう。

基本的な仕組みを知ってから実践するのと、理屈を知らずにやるのとでは、結果は違うものになるからです。

量子力学って何？③
素粒子はどこから生まれてくる？

素粒子は現れたり消えたりするため、「実体がない」と話しましたね。

でも、実際には存在しています。

あなたもいるし、私もいる。この本も、あなたの手の中にあります。

これってどういうことなのでしょう？

私の塾では、小学生に次のように説明しています。


「空を見上げると、白い雲が見えるよね。夏の空には大きな入道雲が浮かんでいるよね。あまりにもどっしりして見えるので『乗れそう！』って思ったこと、あるんじゃない？

では、雲に近づいていこうか。空を飛ぶことはできないので、高い山に登って、雲の近くまで行くことにしよう。

大きな雲は見えるかな？　見えなくなったよね。遠くから眺めたら、あんなに大きくて分厚かった雲が見えなくなっちゃった。その代わり、霧が濃く出ているのがわかるよね。

じつは、この霧こそが雲なんだ。霧は超細かい雨粒の集まりなんだけど、遠くから眺めると、それが雲に見えていたんだね。

みんなもこれと似ているよ。みんなの体も、じつは〝小さな粒〟の集まりでしかない。〝ある〟ように見えるけど、どんどん近づいていってミクロの視点で見ると〝はっきりしない存在〟になるんだよ」

こんなふうに説明すると、ほとんどの子が「あ、そうか！」とわかってくれます。

そこで、次はこんなやりとりをします。

「ところで、雲は何からできているか、わかる？」

賢い子は「水蒸気！」と答えます。

「お、ハルトくん、天才じゃん！　じゃあ、水蒸気と水蒸気の間には、何がある？」

「何もない」

「そうだね。何も見えないよね。でも、本当に何もないかな？」

「あ、あった。水蒸気と水蒸気の間には、青空がある！」

「そのとおり！　ハルトくん、超天才じゃん!!」

水蒸気と水蒸気の間は〝何もない〟のではなく、何かがあります。

じつは、ここにある〝何か〟こそが、とても重要な存在なのです。

素粒子と素粒子のスキマにあるもの。

それこそが、17ページの図3の〝真っ黒な世界〟であり、「ゼロポイントフィールド」

と呼ばれるものです。
素粒子は、このゼロポイントフィールドから生まれてくると考えられています。

ゼロポイントフィールドとは何か？

電子やクォーク、フォトンなどの素粒子は、現れたり消えたりする不確かな存在だと話しました。それを生み出すのが「ゼロポイントフィールド」だとする最新科学の仮説を紹介しましょう。

すべての物質、すべての現象は、ゼロポイントフィールドから生まれる——。

この仮説を伝えているのは、システム理論学者のアーヴィン・ラズロ博士です。博士は科学と哲学を融合させ、原子の世界から宇宙まで、そこにある原理と構造を追究している研究者です。また、ノーベル賞受賞者を含む55人などからなる「世界賢人会議」（ブダペストクラブ）の発足者（現・会長）で、ノーベル平和賞の候補にもなっています。最先端の科学を牽引《けんいん》し〝未知科学〟の扉を開いている人なのです。

ゼロポイントフィールドは〝ゼロ〟とは言うものの、何もないわけではありません。そこはエネルギーに満ちた場です。

〝ゼロ〟は絶対零度（マイナス273℃のこと）から引用したもので〝静寂な世界〟がイメージできます。そこには熱エネルギーはないが「莫大《ばくだい》なエネルギーがある」と、ラズロ博士は言っています。

まさに先ほどの図3のような〝真っ黒な世界〟とは、このゼロポイントフィールドそのものです。

そして〝莫大なエネルギー〟に満ちたゼロポイントフィールドから、すべての物質や現象の素になる素粒子が生まれてくる、と考えられています。

つまり、あなたも私も、この本もスマホも、机も家も、動物や植物も、さらには光も、意識や感情も、すべてはこのゼロポイントフィールドから生まれてくるわけです。

言い方を換えると「すべてはこのゼロポイントフィールドに用意されている」のです。

ちなみに、ゼロポイントフィールド仮説では、亡くなった人の〝意識〟も、ここに畳み込まれていると考えられています。

これについては第４章で話しますが、いわゆる〝魂〟の存在や〝生まれ変わり〟などの現象も説明することができます。

興味のある人も多いと思いますが、もう少し読み進めてからのほうが、理解が深まると考えています。

ゼロポイントフィールドはどこにあるのか？

ゼロポイントフィールドは〝フィールド〟と付くため、宇宙のような遠くや特定の場所に存在するように思えます。

しかし、そうではなく〝すぐそこ〟に存在しています。

あなたの周囲にもあるし、あなたの中にも存在します。

もちろん、私の周りにも、私の中にもあります。

たとえるなら、先ほど小学生が言った、雲の水蒸気と水蒸気の間にある「青空」のようなものですね。

私たちは素粒子からできており、スカスカのスキマだらけの存在ですが、そのスキマにも、周囲にもゼロポイントフィールドが存在しているのです。

というより、**青空に雲が浮かんでいるように「ゼロポイントフィールドの中に私たちは浮かんでいる」**と言ったほうが、イメージしやすいかもしれませんね。

私もあなたも、ゼロポイントフィールドに浮かぶ粒々の集合体でしかありません。

大嫌いなあの人も、アラブの大富豪も、いつも「お金がない」と困っている人も、あなたと同じゼロポイントフィールドに浮かんでいる粒々でしかないのです。

これが量子レベルで見た私たちの正体です。

粒々の集合体ということは、どんな自分にも変化できるということになります。

そして、ゼロポイントフィールドにはすべてが用意されているのですから、自分が思うように現象を一変させることもできるのです。

粒（素粒子）は、どうやって生まれてくるのか？

ところで、素粒子は、どうやって生まれてくるのでしょう？

じつは、素粒子は、粒という〝物質〟であると同時に、カタチのない〝エネルギー〟でもあります。

物理用語では、これを「素粒子の粒子性と波動性」と呼んでいます。

先ほど「ゼロポイントフィールドは莫大なエネルギーに満ちている」と話しましたが、次のような状況を、頭の中でイメージしてみてください。

素粒子は〝粒〟と〝波〟の両方に変身できる性質をもっています。粒になる前はまだ振動する前の背景の場で待機しているようなイメージです。

ゼロポイントフィールド全体が、このように〝満を持した状態〟で存在する「エネルギーに満ちた場」と言えます。

そこにあるとき、どこからか粒が飛んできます。すると、その衝撃で、まだ振動する前の背景の場が局所的に揺れて、粒のように見えるのです。

これが、真っ暗な場に「粒が現れた」状態です。

つまり、実際には、粒が現れたのではなく、波が揺れて〝粒が現れたように見えた〟というわけです（ただし、この本ではわかりやすく「粒が飛び出る」と表現することにします）。

同時に、場のエネルギーは大きく揺れたため、隣の場も大きく揺らし、それが波紋のように広がっていきます。

最初の粒は、どこから飛んできたのでしょうか？

●素粒子が生まれる前のイメージ●

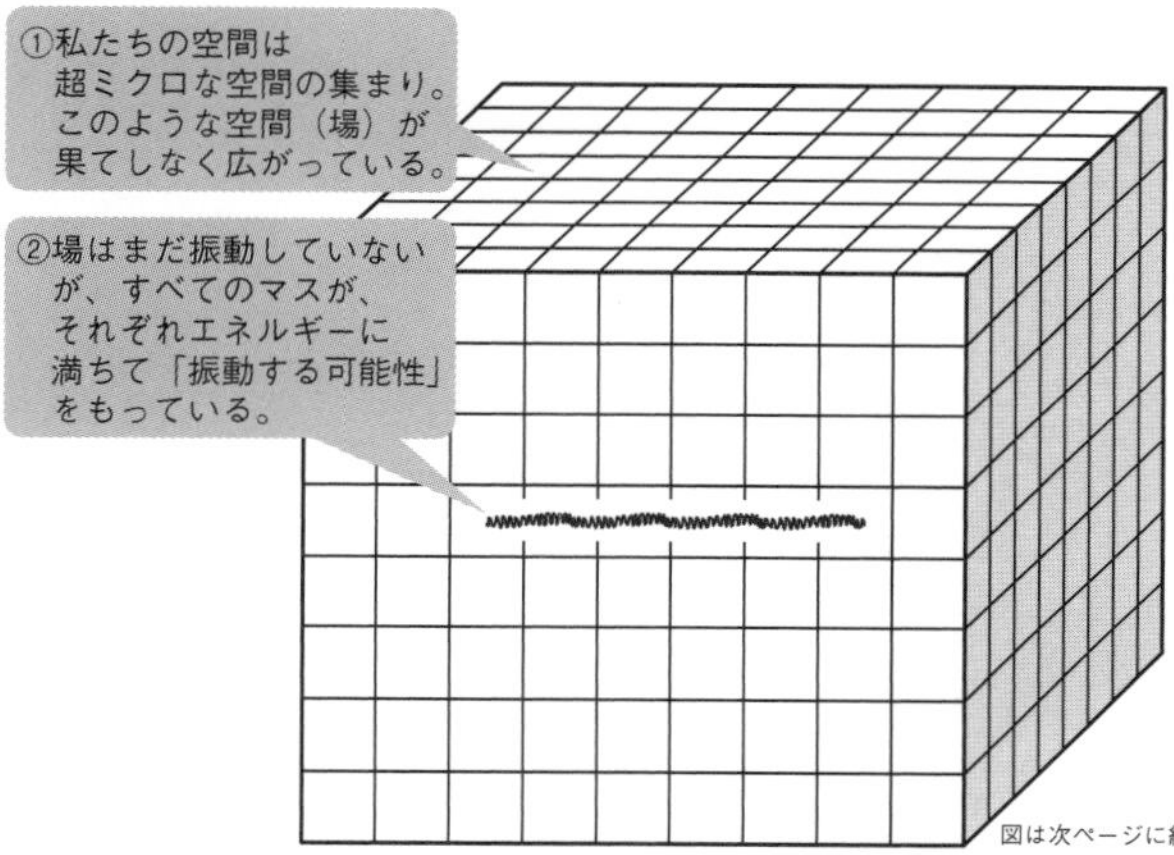
①私たちの空間は
超ミクロな空間の集まり。
このような空間（場）が
果てしなく広がっている。
②場はまだ振動していない
が、すべてのマスが、
それぞれエネルギーに
満ちて「振動する可能性」
をもっている。

図は次ページに続く

●素粒子が生まれるイメージ●

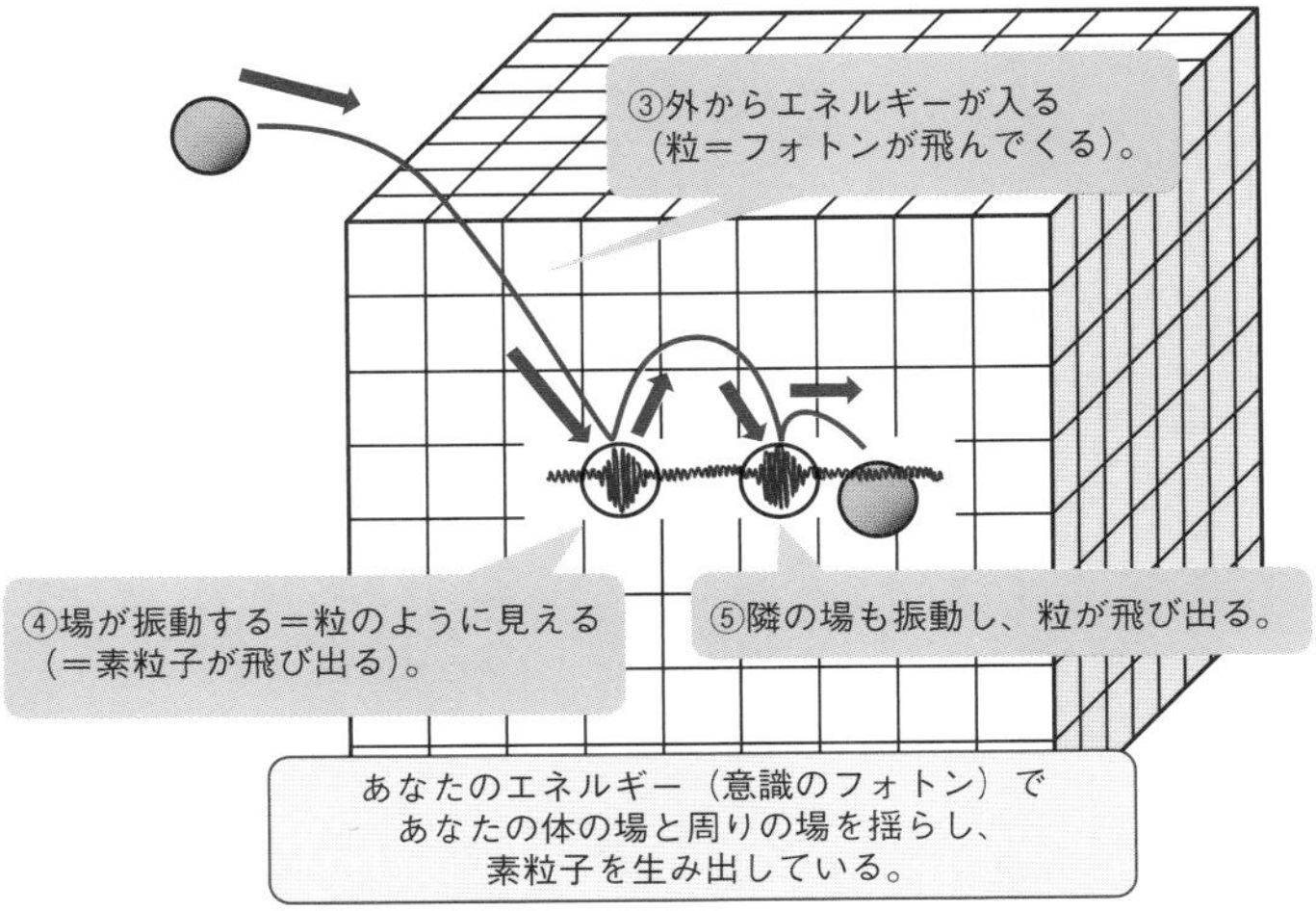
③外からエネルギーが入る
（粒＝フォトンが飛んでくる）。
④場が振動する＝粒のように見える
（＝素粒子が飛び出る）。
⑤隣の場も振動し、粒が飛び出る。
あなたのエネルギー（意識のフォトン）で
あなたの体の場と周りの場を揺らし、
素粒子を生み出している。

いろいろなケースが考えられますが、私たちの〝意識〟や〝思考〟もその一つです。

意識も思考も〝フォトン〟という素粒子でしたね。

何かを意識したり、何かを思ったりすることは、「フォトン（素粒子の粒）を飛ばす」ということでもあるのです。

たとえば、あなたが「ありがとう」と思うと、あなたから〝ありがとうフォトン〟が飛び出て、エネルギーの場が「ありがとう」で大きく揺れます。

すると〝ありがとう素粒子〟がポンポンポンッと飛び出てくるというわけです。

なぜ、不安は現実化しやすいのか？

じつは、20世紀前半までの量子力学では、「粒子性と波動性の二つの性質をもつ」という「古い量子論」の考え方がされていました。

でも今は、「素粒子という小さな粒」があるわけではなく、前項で書いたとおり「〃場〃があり、そこにエネルギーが入ると局所的に揺れる。それがまるで〃粒〃のように見えてしまっている」という考え方に代わったのです。

あなたの体も家族も家も、何も存在せず、「場」しかない。

あなたが「不安だ、大丈夫かな」と意識することは、その「場」に「不安フォトンをぶつける」ことになります。

すると、揺れた結果が粒のようになり、その粒が、あなたの体、家族や家をつくり出します。だからいつも「不安な出来事」が起こっているのです。

あなたが不安を発振し続けて移動すれば、場の中を不安が移動していき、行く先々の〝場〟を不安で揺らすことになります。その結果、不安が現実化してくるのです。

すべてはあなたの発する周波数で決まる

私たちは、自分のことを〝確固とした物質〟と思っていますが、じつはそうではないことが、おわかりいただけたでしょうか。

私たちの実体は、粒と粒（素粒子）の集まりであり、モワモワと揺れる雲のようなものでしかありません。

もっと言うと、フォトンは電磁波ですから、私たちの意識も電磁波なのです。

私たちが、いとも簡単に周囲や相手の影響を受けてしまうのは、このためです。波が波の影響を受けるのは、当たり前というか、自然現象と言っていいでしょう。

その〝波の揺れている回数〟が「周波数」です。

電磁波にも「周波数」があります。あなたが〝うれしいフォトン〟を出せば、場が「うれしいHz」の周波数で揺れます。すると「うれしいHz」の周波数帯の世界に移り、人生が展開します。

前著の『現象が一変する「量子力学的」パラレルワールドの法則』では、この仕組みについて詳しく話しました。

うれしいHzの世界（パラレルワールド）では、うれしいことがどんどん起こります。あなたを必要とする人、あなたが必要としている人との出会いもあります。

こうした状況は、テレビでチャンネルを変えて、好きな番組を見るようなものです。

違うのは、テレビはしょせん他人事《ひとごと》ですが、パラレルワールドは、あなた自身が主人公の〝リアルな人生〟ということです。

でも、どちらも、あなたが選択しているという点は共通しています。

たとえば、どんな人生を選ぶかは、あなたの自由です。

あなたはどんな人にもなれます。

仮に今、困った状況下にあるのなら、それを変えることもできます。現象を一変させることができるのです。

以上が量子力学的な視点から見た、私たちの世界です。

「なんだかよくわからない」という人も、ご安心ください。読み進めるうちに、少しずつ理解が深まっていくはずです。

また、なるべく実体験の例を用いながら話しますので、どこかの段階で、「ああ、そういうことか」という気づきが生まれてくることと思います。

第1章

「引き寄せ」を変える

「引き寄せ」という現象を信じますか？
「類は友を呼ぶ」とか「泣きっ面に蜂」など、
日本には「引き寄せ」を表した諺《ことわざ》も多くあります。
でも、なぜそういう現象が起こるのでしょう？
単なる偶然？　それとも必然？
量子力学的に考えると〝当然〟と言えそうです。
謎を解くカギは〝周波数〟にあります。

何を引き寄せるかは、周波数で決まる

親しい知人から聞いた話です。

彼のお嬢さんは27歳。商社勤務のキャリアウーマンでしたが、転職して市役所に勤めることになりました。新しい職場に移って1週間後、こんな話をしたそうです。

「社会って、いろんな人が支えて成り立っているんだね。私、初めてそれがわかった。ゴミの片付けとか困っている人の保護とか、見えないところで働く人がいる。街がきれいに整備されていることなんて当たり前だと思っていたけど、その陰にはいろんな人の苦労があるんだね」

公務員になって、彼女の中に気づきが生まれたのでしょう。それまでは効率重視の仕事で、目の前のことに精一杯。学生の頃から、常に前だけを見て突っ走ってきたようです。

その数日後、お嬢さんは帰宅すると、うれしそうに話し始めたそうです。

「今日ね、私、駅でおばあさんから声をかけられたの。『切符の買い方を教えて』って。27年間生きてきて初めて。今まで一度も、道を聞かれたことさえなかったんだよ。たぶん、私って、近づきがたいオーラを発してたんだと思う」


27年間、一度も道を聞かれたことがない娘って、どうなのよ？　と知人は笑うのですが、引き寄せについて話すには、好例だと思ったので、紹介させてもらいました。

ではなぜ、お嬢さんは、おばあさんから声をかけられたのでしょう？


ひと言で言うと、彼女が発する周波数が変わったからです。

プロローグで、「意識や思考はフォトンだ」と話しましたね。思考が変わると、全身から出るフォトンが変わるのです。たとえば、人を寄せ付けないブルーのフォトンが全身から出ていたのに、人を理解するピンクのフォトンが出るようになった（色は仮定です）。これによって、周囲の人が話しかけやすくなったと考えられます。

もちろん、フォトンは目には見えません。しかし、電磁波ですから、固有の周波数をもっています。

「誰か助けてくれないかしら」と思っていたおばあさんと、「人の気持ちを理解することの大事さ」に気づいたお嬢さんの周波数が、この瞬間、同調したのですね。

私たちは素粒子の集まりで〝モワモワの雲〟だという話をしました。そのモワモワの中を「意識の素粒子フォトン」が飛び交っています。そのフォトンは電磁波なので、私たちはそれぞれの周波数をもっているのです。

ここで紹介したのは「道を聞かれる」という小さな出来事ですが、この話は、周波数によって引き寄せる現象が変わる、ということをはっきり教えてくれています。

引き寄せは〝たぐり寄せる〟ではなく〝自分の世界を変えること〟

なぜ、あなたが出すフォトンによって、引き寄せる現象が変化するのでしょうか？

それは、あなたの周波数が変わり、あなたのいる世界が変わったからです。〝パラレルワールド〟を移ったということですね。

「引き寄せ」という現象も、自分のいるパラレルワールドで起こります。

ん？　どういうこと⁇

わからなくても、ムリはありません。〝物質中心の世界〟で生きている私たちは、目の前の見えている世界がすべてだと思って生きてきましたから。

「引き寄せ」は、その言葉のイメージから〝何かをたぐり寄せる〟と思われがちです。

しかし実際は、あなたのいる周波数帯が変わり、目の前に起こる現象が変わるのです。

もし、あなたが今の状況を「もう嫌だ」と感じているなら、自分の周波数を変えてみましょう。

それだけで、あなたがいる周波数帯（パラレルワールド）が変わり、あなたの目の前に起こる現象が変わり始めます。

これが「引き寄せ」の第一歩です。

「引き寄せ」は、何かをたぐり寄せる行為ではなく、自分のいる世界を変えること——。

ハッピーな周波数帯（パラレルワールド）に移動すれば、幸せな現象が引き寄せられる。そのパラレルワールドにいる素敵な人との出会いもあるのです。

どうしたら、自分の周波数帯を変えられるのか？

では、どうしたら周波数を変えることができるのか？

とても簡単です。

思えばいいのです、心の底から。

たとえば、口では「大丈夫」と言いながら、心の中で「不安」に思っていれば、あなたの全身からは、不安のフォトンが飛び出ます。

すると、不安の周波数帯にいることになり、不安な現象が引き起こされます。

周波数を変えるには、一心に思うことです。

あるいは、真剣に取り組んでみることです。

すると、あなたから発せられるフォトンの周波数が変わり、あなたの周波数帯が変わります。その結果、引き寄せが変わってきます。

すべては周波数で決まる――。

とても簡単な仕組みなのです。


以前の私は、この仕組みがわからず、家族にも好ましくない対応をしていました。自分一人が不幸みたいに思い〝投げやりのフォトン〟を飛ばしていたのです。


私たちの周囲は、31ページで説明したように「エネルギー場」になっています。私から出た〝投げやりフォトン〟は、そのエネルギー場にぶつかり、場を大きく揺らします。

このとき、場は〝投げやりHz〟の周波数で揺れるのです。

その揺れは伝播《でんぱ》しながら、あちこちの場を大きく揺らし、あちこちから〝投げやりフォトン〟が飛び出します。

当然、好ましくない現象ばかりが起こるし、好ましくない人ばかり集まってきます。

こうなると、「どうせ何をやってもダメなんだ！」とあきらめてしまい、さらに〝投げやりフォトン〟を飛ばすので、ますます場が投げやりで揺れて、投げやりHzが〝濃く〟なってしまいます。

たとえるなら雲が厚く、霧が濃い状態ですね。

そうなると私には、目の前の〝投げやり世界〟しか見えず、「これが自分の世界なんだ」とあきらめてしまっていたのです。

本当は、厚い雲の水蒸気のスキマにも青空が存在していて、自分の意識次第でどんなパラレルワールドもつくり出せるのに、そこに考えが及ばない。他の世界があることなど、想像もできなかったのです。

現象化は、どのような仕組みで起こるのか？

私たちの体が、素粒子の集合体であることは、すでに理解できたと思います。同じように、目の前に起こる出来事も、素粒子の集合体です。モノもコトも、すべての現象は、素粒子によるものなのです。

中でも〝現象化のカギ〟と言える素粒子が「フォトン」でしたね。あなたの意識や感情もフォトンです。

フォトンは、素粒子であるとともに電磁波でもあり、「周波数」と「強度」の二面性をもっています。

周波数は、1秒間に発生する波の数です。たとえば、1万Hzは1秒間に1万回、100Hzは100回の波です。

強度は粒の多さです。強く意識したり、いつも思っていたりすると、粒は多くなります。

厳密な素粒子の考え方はもっと複雑ですが、子ども向けのイメージで言うと、この「周波数」と「強度」の掛け算によって現象化する、という感覚です。

周波数 × 強度 ＝ 現象化

この数字が大きいと、現象化が起こりやすいのです。

たとえば、「お役立ち」の周波数は1万Hzで、「批判」は100Hzとします（数字は、あくまでも仮定です）。

Aさんは、いつも「なんであの人が！」とイライラしていて、1万個の「批判の粒」を飛ばしています。「人の役に立ちたい」という思いも少しあり、50粒くらい飛ばしています。Aさんには、どんな現象が起こるでしょうか？

【批判指数】 100Hz × 1万粒 ＝ 100万
【お役立ち指数】 1万Hz × 50粒 ＝ 50万

一目瞭然ですね。

「私は人の役に立ちたいと願っているのに、なんで現実は批判されてばかりなんだ？」と、Ａさんは悲しくなるのですが、それは当然なのです。

周波数的には、お役立ちのほうが高いのですが、Ａさんの場合「批判の粒」が、圧倒的に多いのですね。このため、批判が優先して「批判の世界」を見てしまっているのです。

なぜ、思いの強さで現象化が決まるのか？

アインシュタインの「光量子仮説」から考える

このような現象化の理論は、アインシュタインが１９０５年に発表した「光量子仮説」を元にしたものです。

ごくごく簡単に説明しますね。

この説は、物理学の常識を覆すものでした。それまでの「光は波だ」という定説を、アインシュタインは「波だけど、粒でもあるよ」と、捉え直したのです。

アインシュタインは「光を金属板に当てると、電子の粒が飛び出す」という現象に疑問をもちます。〝光が波〟という概念では、この現象を説明できなかったからです。

そこでアインシュタインは「〝光の粒〟が金属板に衝突し、電子の粒を外に弾《はじ》き飛ばした」と考えたのです。

光量が強ければ、光粒子の数も多く、弾かれて飛び出す電子の数も多くなります。

アインシュタインは、それを数式でも表しました。

$$E=h\nu$$

Eはエネルギー、hはプランク定数、νは振動数（Hz）です。

つまり、この数式は、次のことを示していると言えるのです。

「振動数の高い光（フォトン）を当てれば、それだけエネルギーが大きくなる」

このアインシュタインの理論を元にして、私は仮説を立ててみました。

「思いや意識（フォトン）の振動数を高くして強くするほど、場が大きく揺れ、発生する粒も増える。すると、振動数の高い現象が起きやすくなるのではないか」

たとえば、「豊かだ」と少し思っただけなら、それは現象化しない。

でも「豊かだなぁ〜！」と、いつも考え続けていると、「豊か」という粒が大量に出て、場をどんどん大きく揺らしていく。

そうなると、豊かなことが現象化しやすくなる——と。


さらに私は、アインシュタインの理論に、身の回りの現象を当てはめてみました。

実際に素粒子を見ているわけではないので私の想定ですが、驚くほど合致していることがわかったのです。

よいフォトンを出していれば、よい引き寄せが起こる

友人の話をします。名前は三宅晶子さん（通称・アッコちゃん）。ＮＨＫの番組『逆転人生』や月刊誌の『致知』などで取り上げられたので、ご存じの方も多いでしょう。

彼女の本業は納棺師。亡くなった人にお化粧をしたり、死に装束を着せて、棺に納める仕事です。映画『おくりびと』で、本木雅弘さんが演じましたね。

そのアッコちゃんが、その仕事と並行してやっているのが、非行歴や犯罪歴がある人の採用の支援なんです。

犯罪歴のある人が定職に就こうとしても壁があり、これを取り払うために、彼女は奮闘しています。

そしてついには、少年院・刑務所専用の求人誌『Chance!!』を出すまでになりました。アッコちゃんの尽力によって、３００人を超える人が内定し、就労にいたっています。

じつは、アッコちゃん自身が、中学で非行の道に走り、高校1年で退学しています。

でも、その後、お父さんから贈られた本が読めないことがくやしくて、高校に入り直し、23歳のときに早稲田大学に合格します。

早稲田では空手部に入り、たまたま私の姉がそこにいました。それが縁で、同じく空手をしていた私と知り合ったのです。

まさに引き寄せですよね。私たちは同じ周波数帯にいたのです。

なぜ、アッコちゃんの話を紹介するのかというと、彼女の生き方が〝引き寄せそのもの〟だからです。「よいフォトンを出し、よい周波数で生きていれば、よい現象が起こる」という見本みたいな人なのです。

アッコちゃんに協力してくれる企業は多数あります。「犯罪歴がある」と聞くと、敬遠する会社も多いのですが、「自分も何かしたい」と手を貸してくれるわけです。

また、犯罪歴のある人たちは、彼女に心をゆるし、素の自分を見せます。

心をゆるせるのも「アッコちゃんだから」なのです。


彼女の〝何〟が、そうさせるのか？

周波数だと、私は思っています。アッコちゃんの発する周波数が高いからなのです。

それはつまり、波の数が多いということ。

彼女は〝しくじり〟の波ももっています。懺悔《ざんげ》から生まれた〝感謝〟の波ももっています。さらには、人を生かそうとする〝愛〟の波ももっています。

このように、多様な波を含んでいるため、アッコちゃんの波の数はとても多く、高い周波数になっています。だから、同調できる範囲が広いのです。

罪を犯した人も、アッコちゃんと同調できる。

自分の利益ばかり考える経営者も思わず同調してしまう。

ＮＨＫや『致知』のクリエーターたちが彼女に惹《ひ》かれたのも、同調したからでしょう。

１００Hzの人も１０００Hzの人も１万Hzの人も、どんな人にも響く波を、アッコちゃんはもっている。すべての人を受け入れられる周波数なのです。

このように、どんな波とも響き合えるのが、「愛・感謝」の周波数だと考えています。

実際に会って確認することはできませんが、イエス・キリストやブッダなどは、「愛・感謝」の周波数だったのではないでしょうか。

縁あって親交を深めさせていただいている天台宗の高僧・堀澤祖門先生や鍋島隆啓先生、臨済宗の横田南嶺先生も「愛・感謝」の周波数の方です。

私の心がどんな状態であろうと受け入れてくださります。

そして、たちまち私の心は明るくなり、心地よさを感じてしまうのです。

よい現象を起こしたいなら、よいことを強く思うだけ

どのように現象化が起こるのか、その仕組みを、もう一度おさらいしておきましょう。

現在はまだ仮説ですが、量子力学と現実を重ね合わせると、そうとしか思えないのです。


私たちから出るフォトンは〝エネルギー場〟にぶつかり、大きく揺れます。

31ページでも、図を使って説明しましたね。大きく揺れると、それが粒に見えます。波の揺れは、隣の場を揺らしながら伝播していくので、あちこちで粒が飛び出ます。

モノもコトも、すべての現象は粒の集合体でしたね。〝エネルギー場〟が大きく揺れて、粒が増えていった結果、現象が起こってくるのです。

強く思えば、フォトンの量が増えるため、場が揺れて、現象化しやすくなります。

どんな現象が起こるかは、あなたが発するフォトンの周波数によって決まります。

あなたが「愛・感謝」のフォトンをぶつければ、エネルギー場は「愛・感謝」の周波数

で揺れて、「ありがたいな」「うれしいな」と思う現象が引き起こされます。

あなたが「不安」のフォトンをぶつければ、場が不安の周波数で揺れて、「嫌だな」と思う現象が引き起こされます。

これが現象化の仕組みです。とても単純なのです。


思考が現実になると〝引き寄せた〟と思いますが、見えない素粒子の世界では、あなたのぶつけたフォトンが場を揺らし、現象を引き起こしているのです。

ですから、よい現象を引き起こしたいなら、よいことを強く思えばいいだけ。とても簡単な仕組みなのです。

悪いことが頭に浮かんだときは「おかげで周波数」を振りかける

よいことを思えばいい――。

そうは言っても、実際は簡単ではありませんよね。

生きていればいろいろなことがあります。嫌なことも、悲しいことも起こります。どんな周波数帯にいても、それは避けられません。

嫌なこと、悲しいことが起きたとき、どう対処するかが、その後の展開を決めます。

誰だって、悪いことを考えてしまうときがありますよね。「なんだあいつ、ムカつくわー」とか「やっちゃいけないことをしてみたい」とか。私もあるので、わかります（笑）。


では、悪いことを考えたら、必ずそれが現象化してしまうのでしょうか？

はい、現象化します。

でも安心してください。それをチャラにする方法があるのです。

それは**「おかげで周波数」を振りかける**ことです。


たとえば「このお金をチョロまかしちゃおうかな」という思いが頭をよぎったとします。

本当にそれをすれば、あなたのエネルギー場は「お金をごまかすHz」で揺れます。

一時的にはお金が入るかもしれませんが、そのうちお金が入らなくなります。

あなた自身が「お金をごまかすHz」で揺れているので、あなたも、別の人にお金をごまかされてしまうからです。

そうならないようにするために、「おかげで周波数」を振りかけます。

私も常々「おかげで○○ができた」と感謝するようにしています。

「悪いことを考えてしまった**おかげで**、心を洗う努力ができる。ありがたいなあ」

「お金をごまかそうと思った**おかげで**、毎日コツコツ働くすごさがわかった」

そのように、悪い思考の上に「おかげで周波数」を振りかけてあげるのです。

以前の私は、悪いことを考えたときに「こんなことを考えちゃダメだ」とか「そんな考えが浮かぶのは卑劣な人間だからだ」と自分を責めていました。

でも、そうすると、場が「自分を責めるHz」で揺れてしまい、心が痛む出来事や、体の痛みを伴う現象を引き起こしていたのです。

実際、最大限に自分を責めていたときは、機械加工中の刃物が指を貫通する大けがをしたり、うつ病を患ったりしました。最愛の妻とも心がすれ違い、離婚寸前にまでなりました。

ところが「おかげで周波数」を振りかけると、現象が一変し始めました。顕著だったのは、私に強く当たっていた人が優しい言葉をかけてくれるようになったことです。

それまでの私は「人を責めるフォトン」を飛ばし、「人を責めるHz」で場を揺らしていたのでしょう。それで「他者から責められる」という現象を引き寄せていたのです。

自己否定の直後にレベルUPする方法

前項の「悪いことを考える自分は卑劣だ」と思っていた私もそうなのですが、世の中には自己否定をしている人が多くいます。

この自己否定こそが、悪いことを引き起こす最大の要因なのかもしれません。

理由はもちろん、否定のフォトンを飛ばし〝場〟を否定で揺らしてしまうからです。そうして、自分を否定するような現象が、次々と起こってしまうのです。

ここで、多くの人が勘違いすることがあります。

それは「自分を否定しちゃダメ！」と思ってしまうことです。

なぜ、それがいけないのかと言えば、「自己否定フォトン」に「ダメフォトン」を振りかけることになるので、さらに振動数を下げてしまうからです。

さらに、自己否定をしている周りの人にもご自身の「否定フォトン」を振りかけてしまいます。これって、愛じゃないですよね。


では、どうすればいいのでしょう？

自己否定をしてしまったとしても、その上から「だから、おかげで〇〇できる」という、プラスの周波数を振りかけてあげるのです。

「自分はいつも自信がなく、自己肯定感が低い。だから、おかげで自分を大切にすることを意識的にできる」

「私は存在否定をしてしまう。だから、おかげで毎日、自分ほめを意識的にできる」

このように、「だから、おかげで○○しよう」という〝ふりかけ〟をかけるのです。

そもそも、自己否定するからこそ、自分のいたらなさにも気づくことができます。

自己否定にも立派に意味があるのです。

「だから私はダメなのだ」と、自分を責め続けてしまってはいけません。

「ダメ」のフォトンをぶつけて〝場〟を否定の周波数で揺らし続ければ、本来のあなたの輝きは失われていきます。あなたに起こるはずのよい現象まで止めてしまうのです。

もったいないと思いませんか？

あなた本来の輝きを取り戻すためにも、このことを覚えておいてほしいと思います。

自分にOKを出すと、なぜ周囲の人も救われるのか？

自己否定の後で「おかげで」とか「だから○○できる」という〝ふりかけ〟をかけるこ

とは、「自分を許す」「自分の過去にOKを出す」ということでもあります。

不思議なことに、こうして自分を許せれば、周囲の人の態度まで変わってきます。

「相手から愛をもらった」と感じるからです。

それは頭や心で感じるものではなく、〝素粒子レベルでわかる〟と言ったほうがいいかもしれません。


素粒子の立場から考えてみましょう。


〝素粒子くん〟からすると、自分も相手もありません。素粒子くんたちは、ただ揺れて、みんなで集まり、物質を形成しています。

自分たちが「愛の周波数」で揺れると、それが伝わり、隣の相手も「愛の周波数」で揺れるのです。

これが素粒子くんたちの世界です。

もう、おわかりですね。あなたが、自分を許す「愛のHz」で揺れると、自然に相手も「愛のHz」で揺れるのです。これが「愛をもらった」と感じる理由です。

ただ、これは理屈で説明するより、実感するほうが早いかもしれません。

私もそれを実感した一人だからです。

以前、私はある男性に、こんな話をしました。仮に坂本さんとしましょう。

「坂本さん、私はね、以前は自分を責めてばかりいたんです。でも、あるときから変わりました。自分を許すことにしたんです。自分を責め続けたけど、おかげで、いろんな人の苦しさや、つらい気持ちを汲《く》めるようになりました」

すると、坂本さんは「じつは……」と切り出し、長らく胸に秘めていたことを、思い切って打ち明けてくれたのです。

坂本さん夫婦は、子どもを中絶した過去があり、そのことを責めていました。望まない妊娠をして、やむを得ず中絶した過去を、重く長く引きずっていたのだそうです。

坂本さんは、心の重しがとれたように泣き、最後にこう言いました。

「苦しんだおかげで、つらい人の思いがわかる……。私もそんなふうに考えて、自分を許してしまって、本当にいいのでしょうか？」

坂本さんは「一生、心の痛みを背負っていくべきだ」と思っていたそうです。それが亡くなった赤ちゃんと、奥さんへの贖罪《しょくざい》なのだと、常々、自分に言い聞かせていました。

でも、この後、坂本さんの人生は一変します。

坂本さんの成長を阻害していた「自分を責め、痛みを背負って生きる」という周波数が「自分を許すHz」に変わったとたん、引き起こす現象が変化していきました。

していいる努力は変わらないのに、仕事の結果が出始めたのです。

じつは、開華のトレーナーさんたちは、これと同じような文化をもっています。

「私もそうだったのよ」と一緒に泣き、相手のありのままを受け止める。

すると、相手の周波数が「許すHz」に変わり、本来の輝きを取り戻します。

トレーナーさんたちも、それを見守ることで、自身の過去がさらに癒される。その相乗効果で、お互いがどんどん輝いていきます。

トレーナーさんの数もいまや300人。日本だけでなく世界に広がり始めました。

「愛の周波数」が地球規模で広がっていくのを、ひしひしと感じています。

病気も「引き寄せ」で起こっている?

「引き寄せ」は、人やモノ、コトに対する現象ですが、じつは自分の身にも起こります。たとえば、病気はその一つでしょう。

左ページの図をもう一度見てください。この〝エネルギー場〟こそがゼロポイントフィールドと私は考えているのですが、それは〝どこにでも〟存在します。

図は限定的に箱型で示しましたが、これが全宇宙に広がっているイメージです。あなたの周りにも広がっているし、あなたの体の中にもあります。あの人の体の中にも、私の体の中にもあります。

そのすべてが、「まだ揺れる前の、いろいろな可能性をもつ場」です。まったく揺れていない湖面がいたるところにある感じです。

まずは、宇宙全体が、この状態で広がっていることをイメージしてみましょう。

ここで、あなたが「なんであの人は!」と、怒りを感じたとします。すると、あなたの中の〝エネルギー場〟は、怒りで大きく揺れます（厳密に言うと、大きく揺れて粒〈素粒子＝フォトン〉が飛び出したように見える）。

短時間の怒りなら問題ないかもしれません。でも、これが続くとどうなるか？

●素粒子が生まれるイメージ●

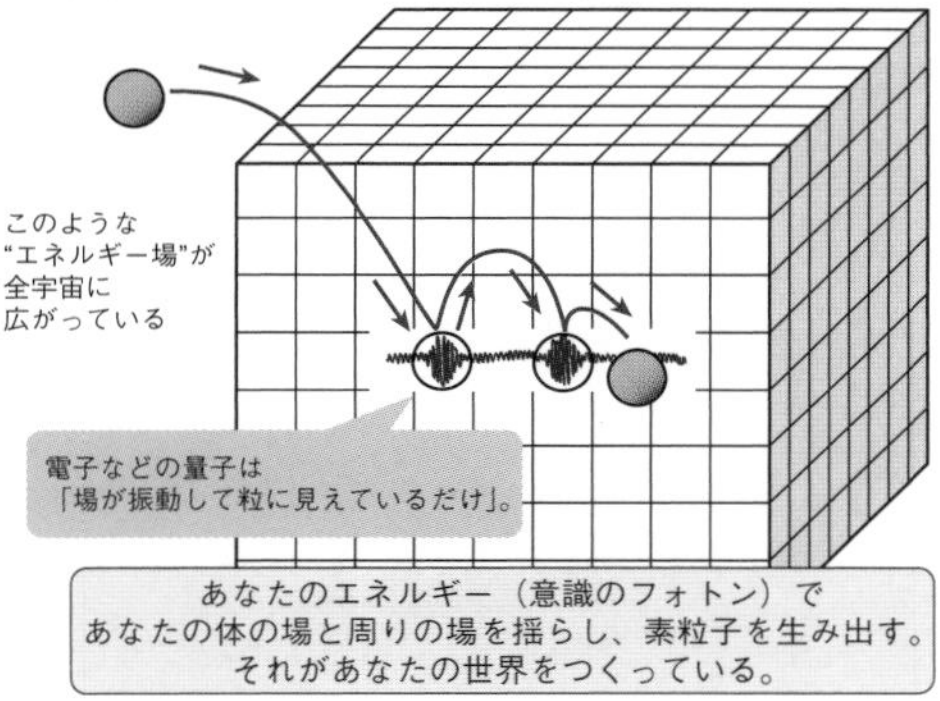
このような
“エネルギー場”が
全宇宙に
広がっている
電子などの量子は
「場が振動して粒に見えているだけ」。
あなたのエネルギー（意識のフォトン）で
あなたの体の場と周りの場を揺らし、素粒子を生み出す。
それがあなたの世界をつくっている。

批判のエネルギーで揺れた素粒子が集まって、「批判の原子」をつくります。

それが集まって「批判の分子」となり、さらに「批判の細胞」になっていきます。

そして、この細胞が臓器や血液、骨や筋肉、肌や毛など、全身をつくっていきます。

細胞の一つ一つが「批判」でできているため、歪《ゆが》みが生じています。

細胞というものは、私たちを生かそうとしているので、整っているのが正常な状態です。しかし、批判で生じた細胞は、自分を否定し、倒しに行こうとします。つまり、殺しに行こうとするのです。

すると、どうなると思いますか？

正常の〝あなたを生かそう〟とする細胞と、〝あなたを殺そう〟とする歪んだ細胞が、体の中に同居するため〝不協和音〟となります。周波数が合わない状態になるのです。

これが病気をつくる主原因、というわけです。


ガンは〝自分を殺そう〟とする歪んだ細胞が、正常な細胞を食べながら、どんどん巨大化していった状態です。

「ストレスが病気をつくる」とか「病は気から」などと言われますが、素粒子レベルの超ミクロの視点で体の中を覗《のぞ》くと、このようなことが起こっています。

「病気をしている」＝「自分の意識が悪い」ということを伝えたいわけではありません。

「これからは〝**私を生かそう**〟**という考え方にしていくことが大切なのだ**」というメッセージと捉えてみてほしいのです。

病気の原因は、あなたの感情や思考だけではありません。世の中には、人体に有害な物質があふれていますからね。それらも素粒子を歪ませる原因になり、結果的に病気を引き起こす原因の一つとなります。

「観測すると確率が1になる」＝エネルギーをぶつけること

私は過去の著作で、次のような表現を用いていました。

「観測すると確率が１に近づく」とか「意図すると確率が１に近づく」というものです。

おそらく、多くの人がそれを理解してくださったと思います。

そこで今回の本では、量子力学的に、より正確性を求めようと思い、表現の仕方を変えています。

「意識や思考をぶつけて場を揺らす」とか**「エネルギーをぶつける」**というものです。

じつは、どれも同じことを言っています。

「観測する」「意図する」は、「意識をぶつける」「エネルギーをぶつける」ということ。

「観測すると確率が1に近づく」とは、波（エネルギー）の状態だったものが、粒（素粒子）になるということ。

正確には、粒（素粒子）になるわけではなく、〝波（エネルギー）が大きく揺れて粒のように見える〟ということですが、少しわかりにくいので、この本でも〝粒（素粒子）が飛び出す〟といった表現を使っています。その点、お許しください。

みなさんは、しっくりくる表現で理解していただければと思います。

いずれにしても、「思う」「意識する」「観測する」「意図する」は、フォトン（素粒子）を飛ばす行為にほかなりません。自分では気づかなくても、フォトンを〝場〟にぶつけているわけです。

これによって〝場〟が大きく揺れて、素粒子が飛び出ます。その素粒子が集まってモノやコトなどの現象になっていくのです。

人間関係も健康状態も、幸せなのも不幸せなのも、お金があるのも貧乏なのも、幸運も不運も、その仕組みは同じです。

すべては、あなたがどんなエネルギーをぶつけるかによって決まっていきます。

平和な家庭も、夫婦げんかも、健康な臓器も、仕事の成功も、まず「場」があり、そこにエネルギーが入って現象化したものなのです。

「運が悪い」なんて絶対に言ってはいけない！

みなさんも「運がいい」とか「運が悪い」などと口にするでしょう。

悪いことが続くと「運に見放されたー」なんて言いますよね。ちょっといいことが起こると「これで一生分の運を使い果たした」などと大げさなことを言う人もいます。

でも、そう思わないほうがいいですよ。その理由は、もうおわかりですね。

「運を使い果たした」とか「運に見放された」と思うと、そのように〝場〟が揺れるからです。すると、本当に、運に見放されてしまうのです。

ところで、運とはなんでしょう？

私は「運は自分でつくるもの、自分で生み出すもの」と考えています。なぜなら、自分の意識や感情が場を揺らし、その結果、現象を引き起こしているのですから。

たとえば、あなたがクルマに轢《ひ》かれそうになったとします。

このとき「なんて運が悪いんだ！」と思うか、「命が助かってよかった。私はすごく運がいい！」と思うかで、あなたから発せられるフォトンが変わり、場が変わります。

すると、そこから先の展開は、まったく違ったものになっていきます。

「私は運がいい。運転手さんも無事でよかった。おかげで、この後は気をつけて運転してくれるだろうから事故も減る」

このように〝おかげで〟を振りかけると、悪かった出来事が、むしろ感謝の出来事に変わってきます。

それは、あなたの出すフォトンが変わり、場が変わるからです。

その結果として、「ありがたい」と思える出来事が増えてくるのです。

つまり、運というのは、そこに存在しているものでもないし、誰かが運んでくるものでもありません。自分でつくるものなのです。

自分の捉え方によって〝よい場〟がどんどんつくられ、よい現象が増えていくことは、「運」がよかったわけではなく、あなたが自分の意識で場を揺らした結果なのです。

「最悪〜」という口癖の人を救う方法

「もう最悪〜」と言っている人をよく見かけます。

「雨が降ってきちゃった。最悪〜」とか「電車が行っちゃった。最悪〜」など、ちょっと嫌なくらいのことなのに、なんでもかんでも「最悪〜」と、決まり文句のように使う(笑)。それが口癖になってしまっているのですね。

でも、この口癖は、本当に最悪の現象を引き起こしてしまうかもしれません。理由は、もうおわかりですね。

〝場〟を「最悪〜」で揺らし、最悪の現象を自らつくってしまうからです。

口癖で、つい言ってしまう、という人には、次のような方法がおすすめです。「おかげで」とか「だからよかった」の周波数を振りかける、というものです。

「雨が降ってきちゃった。最悪〜。でも、おかげで草花は喜んでいる」

「電車が行っちゃった。最悪〜。でも考えごとをする時間ができてよかった」

このように、後からかぶせていくだけだから、簡単です。


じつはこの方法、口にすることよりも、「おかげで」や「よかった」を〝探す〟ことに、大きな意味があります。

〝観測する〟ことは、フォトンをぶつけることになるからです。

〝おかげで探し〟をすることによって、感謝のフォトンが飛び出て、場を感謝で揺らすことになります。

その結果、ありがたいと思える現象が引き起こされやすくなるのです。

「そんなこと言われても、信じられない」と思ってしまったあなた！

この瞬間にも〝信じられないフォトン〟が飛び出て、場を揺らしていますよ（笑）。

百聞は一見に如《し》かず。まずは実践してみてはいかがでしょう。

きっとあなたが引き起こす現象が変わってきますから。
最初は、こんなふうに考えるといいと思います。
「信じられない。でも、初めて知った理論のおかげで、思考の幅が広がる」と。

その現象はあなたの「場の揺れ方」を見せてくれている

あなたに起こる現象は、すべてあなたの発したフォトンが〝場〟を揺らした結果です。
たとえば、望まない現象が起こるのは、あなたの場が、そのように揺れているからです。フォトンは見えませんが、あなたに起こる現象が、あなたの発振するフォトンを見せてくれているのです。

でも、ここで注意してほしいことがあります。
それは、よからぬ現象が起きたとしても、「自分が出すフォトンのせいだ」と責めてはいけない、ということ。

たとえば、家族が急死した場合など、「私のフォトンのせいだ」と自分を責めたら、さらによからぬ現象を引き起こしかねません。

その現象にどんな「おかげで」を振りかけられるかを、考えてみてほしいのです。

すべての物事には意味があります。でも、家族が急死したような場合には、そこに意味など見出《みいだ》せません。ただ悲しいばかりでしょう。

それでも、「おかげで、深く愛されていたことを知れた」とか「おかげで、命の大切さに気づけた」など、その現象が自分を成長させてくれると捉えてみてほしいのです。

つらいことが起きた最中に、そんなふうには考えられないかもしれません。

ですが、「おかげで」と「感謝」の周波数で〝場〟を揺らすことができたとき、深い悲しみを癒す現象が引き起こされてくるのです。

「引き寄せ」とはあなたが「引き起こしている」こと

ここまで話してきて、気づいたことがあります。「引き寄せ」という現象を言い表すには、「引き起こしている」のほうが言い得ていませんか。

ともあれ、どんな言葉を使うにしても、すべての現象には「原因」と「結果」があります。みなさんもよく承知していることでしょう。

それなのに多くの人は、「結果」に一喜一憂しても、「原因」を振り返ることには消極的です。おそらく、それがどこにあるかわからないからでしょう。

あるいは、かつての私のように、原因を直視するのが怖いからかもしれません。臭いものには蓋、とばかりに、見て見ぬふりをすることもあるでしょう。

その原因を「自分がダメだから」と、自己批判で終わらせてしまう人もいると思います。でも、そうやって自分を責めることが、さらによくない結果を生む〝隠れ原因〟となっていることも多いのです。

本章では、原因と結果の仕組みを、素粒子レベルのミクロの視点で考えてみました。

くり返しになりますが、あなたが引き起こす現象は、あなたの発するフォトンによるものです。

それは、あなたの意識や思考から生まれます。

明確な思いや意志とは限りません。心の底にある恐れや不安のフォトンが、現象を引き起こす原因になる場合も多いのです。

どうすれば、心の底に横たわる恐れや不安を消せるのか？

それには「自分を許す」「自分の行動にＯＫを出す」ことです。

その具体的な方法は、第５章でまとめて紹介します。それが習慣となり、完全に自分を許せるようになったとき、原因不明のよからぬ出来事はなくなっていくはずです。

第1章のふりかえり――〝実践〟のためのヒント

・あなたの意識が、周りに波をつくっています。その波を、あなた自身ももらい受けます。あなたの波はどんな波？　意識を変えれば、波はすぐに変わります。

・あなたの人生は、テレビのドラマのようなものです。「他のドラマを見たい」と思うなら周波数を変えるだけ。嫌な世界をずっと見続ける必要などありません。

・どうやったら周波数が変わるのか？　簡単です！　思えばいいのです。これだけで、飛び出すフォトンが変わり、場の揺れ（周波数）が変わります。

・大事なのは、一心に思うことです。口では「大丈夫」と強がっても、心に不安があると、それが波となります。だからこそ、一心に思うのです。

・「不安を消そう」と思うことは「不安を観測する」ことです。このため、不安な現象を引き起こしてしまいます。目の前の不安ではなく、今、目の前のありがたいことを観測しましょう。

・**深い悲しみは、あなたの周波数帯を広げてくれます。**周波数帯が広がると、多くの人と同調できます。最高の喜びを手にできる可能性も広がるのです。

・**まずは「自己否定」をやめましょう。**でも「自分を否定しちゃダメ」と思うことも自己否定です。ですから、「自己否定のおかげで」を探してください。そのとき周波数帯が広がっています。

・**自分にOKを出すと、周囲の人も救われます。**あなたが「愛の周波数」で揺れるため、周囲の人も〝愛を受けた〟〝救われた〟と感じるからです。

・**「運が悪い」なんて思っていませんか？**すると、あなたの周波数が下がって、悪い現象が続いてしまいます。〝成長の機会〟と捉えると、プラスに転じますよ。

・**「最悪〜」という口癖は、すぐにやめましょう。**本当に最悪になりますから。代わりに「おかげで○○ができた」など、プラスに転じたことを観測するようにしましょう。

・**頭に浮かんだことを打ち消そうとするのは逆効果です。**なぜなら、なおさらそれを観測してしまうからです。こんなときも「おかげで」の周波数を振りかけてあげましょう。

第2章

「人間関係」を変える

「人の悩みの9割は人間関係」と言われます。
その多くが親子関係に端を発するそうです。
子は親から生まれ、その関係は絶対的です。
最近では〝親ガチャ〟なんて言葉もありますが、
親子を素粒子、周波数で見ると、どうなのか？
夫婦、友人、職場や学校の人間関係……は、
見えない世界でどう繋《つな》がり、なぜ問題が起こるのか？
根本の仕組みを知ると関係が良好になります。

親子関係はなぜ、切っても切れないのか？

あなたには〝反抗期〟がありましたか？

子どもの頃、あんなに好きだったお母さんやお父さんが、思春期にはなぜか疎ましく思えて、ついイラッとしてしまう……。

私の場合、怖くて親に反抗できませんでした。私の父も祖父も武道をしており、家にはいつも厳格な雰囲気が漂っていました。今では半分笑い話ですが、私が何かをしようとすると「大輔、腹を切る覚悟はあるか？」と問われるのです。「やるからには真剣にやれ」という教えなのでしょうが、本当に真剣（日本刀）を前にして言われるので、真剣にやらざるを得ない、という過酷な環境で育ったのです。

反対に、母はとても優しく、私を包み込んでくれる人でしたが、私のことが可愛《かわい》すぎてか（？）、私に好きな女性ができると、かなり反対をしてきました。今の妻との交際を知られたときも、周りの仲間たちからは「大ちゃんにはこの人しかいない」と言われていましたが、両親は結婚を認めません。

「こんな家は嫌だ。出ていってやる！」と家を飛び出たこともありました。それでも親の言うことを気にしすぎてしまう自分がいました。それが親子関係の不思議なところなのかもしれません。

嫌だと思っているのに、なぜか離れられない。

そして、多くの人は、いつの日か、親の大きな愛に気づくようになります。

「子をもって知る親の恩」という諺《ことわざ》がありますね。

続古今和歌集に、こんな歌もあります。

「たらちねの　心のやみを知るものは　子を思うときの　涙なりけり」

我が子を思って涙を流すようになって、親（たらちね）の本心（心のやみ）に気づくようになった、という意味の歌ですが、親子の関係は、昔も今も不変のものなのでしょう。

子どもは全員、親から生まれてきます。この関係だけは、なくすことができません。

夫婦も親友も、関係を終えることはできるけれど、子が親から生まれるということだけは、否定することができない。〝生物学的〟に、そこは絶対なのです。

〝心理学的〟に見れば、子は親に育てられながら社会性を身に付けるため、親の性格や人格が色濃く反映されると考えられます。

では、量子力学的には、どうなのでしょう?

ここではまず「素粒子レベルから見た親子関係」の話をしていくことにしましょう。

素粒子レベルで見た親子関係と、その生かし方

「子が親を選んでくる」と、よく言われます。生まれる前に天から見ていて「あのお父さんとお母さんにしよう」と決めて、お腹《なか》の中にヒューッと入ってくるのだ、と。

正直、真偽はわかりません。でも、私たちの実体が〝モワモワの雲〟であることを考えたら、じゅうぶんに説得力をもつ話だと思うのです。

たとえば、両親が「1万Hz」の周波数だったら、「1万Hz」の周波数の子どもが、同じ周波数で呼び合って（同調して）、お腹に入る。もし子どもが「８０００Hz」だったら、周波数的に同調しないので、８０００Hzの両親の下に生まれてくる、と考えられます。

両親と同じ周波数で生まれた子は、両親と同じ周波数で揺れます。

でも、ずっと同じ揺れをしているわけではありません。

元々の周波数はありますが、個々の意識もありますよね？　それぞれの意識のフォトンを飛ばし、それを自分の場にぶつけるので、揺れ方が変わってきます。

すると、周波数が変わってきます。

仮に、とても暴力的な両親の下に生まれてきたとしましょう。

ＤＶを受けながら、その子は育ったとします。子どもの周波数が両親とずっと同じなら、その子は他人に暴力をふるうようになってしまいますが、そうなるとは限りません。

その子自身が、意識を変え、「暴力は嫌だ。愛で生きたい」と思えば、「愛のHz」で生きられます。反対に、両親の周波数に同調したまま成長し、「暴力Hz」で生きることもできます。

つまり、親の周波数に同調して生まれてきても、そこから先をどんな周波数で生きるかは、自分次第というわけです。「嫌だ」と思うなら変えればいいし、「いい」と思うなら引き継げばいい。あるいは、そのうえで「最高」の周波数に変えることもできます。

あなた次第で、どのようにも変えられるのです。

A「親が○○だから、私はダメなのだ」と、親のせいにして、自分を否定するのか？

B「親が○○だったおかげで、私は気づくことができた。だから違う生き方をしよう」と、親を肯定して、自分を生かしていくのか？

AもBも、どちらも「親が○○」と、一見、親を否定しているように見えますが、じつはまったく違います。

Aは、親を否定し、自分も否定しているため、周波数を引き継ぎ、負の連鎖をくり返していくことになります。

Bは親を否定しているようで肯定し、自分も肯定しているため、悪い生き方の連鎖は断ち切り、周波数を高め、ポジティブな人生を歩むことになります。

どうするかは自由です。その選択によって、人間関係だけでなく、その後の人生が変わっていきます。

親子関係を整えると、他の人間関係もよくなる？

ゼロポイントフィールド（ZPF）は、どんな状態のときも、あなたを生かそうとしています。

たとえとして相応《ふさわ》しくないかもしれませんが、あなたがどんなに年老いても、ZPFは「生きろ！」と働き続けてくれます。

自死を企てた人にも、ZPFは、懸命に生きるよう働きかけます。最後の瞬間まで心臓が動き続けるのは、その証拠です。

ZPFは、どんなときもあなたの味方なのです。

あなたが善人だろうが悪人だろうが、貧乏だろうが金持ちだろうが、どんな状況でも関係なく、どんなときも、どんな状態でも、ただただあなたを愛し、守ろうとしてくれます。

なぜ、そこまでしてあなたを生かそうとするのか?

ZPFは、そもそもが「愛の周波数」だからです。

つまり、あなたは愛され、祝福され、守られるべき存在として、この世に誕生するのです。

なのに、なぜ、暴力をふるうような親の下に生まれてしまったりするのでしょうか?

なぜ「愛の存在」であるはずの人間が、人を傷つけたり、ときには殺人を犯してしまったりするのでしょうか?

それは、この世に生まれて〝物質〟として生きていくうちに、ZPF本来の性質を忘れてしまうからではないか、と私は思っています。

我が子が生まれたときは、ただただ生まれてきてくれたことに「感謝」していた両親も、成長するにつれて、「勉強しなさい」とか「宿題やったの?」などと言い始めます。

挙句の果てには、「この子は私の手には負えない」とあきらめてしまったりします。

子も同様で、自分で親を選んで生まれてきたのに、親を憎んだり、生まれてこなければよかったなどと、思ったりしてしまう。

親も子も双方が「愛の存在」であることを忘れてしまうのですね。

人間はルールのある社会で生きているので仕方ないのかもしれませんが、いつのまにか「成績を上げること」や「常識の範囲内で生きること」を、親の任務だと考えるようになります。

つまり、ZPF本来の周波数を忘れ、社会通念の周波数に合わせようとするのです。すると、波長が合わなくて、不協和音が生じます。

親子関係のイライラは、この不協和音が原因です。

親も子も、本来の「愛の周波数」を忘れ、自分の今の周波数だけ、世間一般の周波数だけを正しいと思い込み、相手を同調させようとすることに、原因があるのです。

同じ周波数で生まれた親子でさえ、このように不調和が生まれてしまうのですから、その他の人間関係が〝悩みの種〟となることは、当然なのかもしれません。

ですから、人間関係を正そうとするなら、まずは、親子の周波数を整えることが、その第一歩になるわけです。

このような仕組みになっていることを、まずは、知っておいてほしいと思います。

「愛のHz」を自覚するだけで、すべてがたちまち改善する

「三つ子の魂百まで」という諺があります。3歳頃までに性格や気質はつくられ、100歳までも変わらない、という意味です。

〝3歳まで〟かどうかはわかりませんが、一度つくられた性格や気質が変わりにくいことは、みなさんも承知しているでしょう。なかなか、自分を曲げることはできないものですからね。

でも、前項で話したように、私たちの本質がZPFであり、それが「愛の周波数」であることを知れば、自分を変えることは意外と簡単に思えませんか？

たとえば「あいつは許せない」と意固地になってしまうところも、素粒子層を超えてZPF層（プロローグでたとえ話をした「青空」）で考えると、本来は愛なのだから「寛大に対処しよう」と思うことができそうです。

人間関係のつまずきは、自分の周波数に固執していることから始まります。周波数は意識していないとしても、「自分は変わらない」とか「変えてはいけない」などと思っている人は、多いのではありませんか？

ところが、それは後から変更された周波数でしかありません。本来のあなたの本質側（ＺＰＦ側）は、どんな自分も許して生かし、同じように、他人も生かそうとする「愛のHz」です。

これをしっかりと胸に刻んでおいてほしいと思います。

人間関係を良好にするには、これが大前提となると思うからです。

私もかつては、人間関係に悩んでいました。父の会社に入りましたが、それは自分で望んだ道ではなく、私は「嫌々Hz」で揺らしていたのだと思います。

職場の人は、私に対し「嫌々」な態度を投げつけます。理不尽な意地悪をされるのです。

私はそうした現象に対し「１００％自分が悪い」と受け止めていました。そうやって自分を全否定し、ますます「嫌々Hz」を濃くしていたのです。

そうなると、どんどん「嫌々」な現象が増えていきます。先ほども話しましたが、うつ病と診断されたり、機械に手を挟まれて大けがをしたりします。最愛の妻との関係も悪くなって、これでもかこれでもかと嫌なことが起こるのです。

本当は、私たちは誰でも「愛のHz」なのですが、それに気づかなかったのですね。もし、このとき私がそれを知っていれば、そこまで自分を責めることもなかったはずです。青空の例で言うと、私は、くもり空ばかり見て、スキマに青空があることに気づいていなかった。でも今は、当時のつらい経験も〝私を愛深くしてくれる出来事〟と、青空側を見ているため、あらゆることをありがたいと感じている私がいます。

前向きに努力しても人生が好転しない理由

おそらく、私のような苦い経験をしている方は多いと思いますので、度々恐縮ながら、もう少し詳しくお伝えさせていただきます。

当時の私は、傍《はた》から見れば「最大限にがんばっている男」に映ったかもしれません。父の期待に応えようと努力していました。繁忙期でも社員の休日はなるべく確保し、私は率先して休日返上で働きました。そうやってがんばっても、現象は悪くなる一方なのです。

今なら、その理由がはっきりとわかります。

私の〝がんばり〟や〝前向き〟は表面的なものであり、心の中には自己否定や自己犠牲、自虐の気持ちが深く、広く根を張っていたからです。

日本人は、自己否定をよしとする傾向が強いように思います。〝謙虚〟と混同してしまっているのかもしれません。

たとえば、ほめられても「いえいえ、私なんて」と謙遜する人をよく見かけますが、そうやって無意識に自分を否定することが癖になってしまっているのでしょう。

自己犠牲や自虐が身に染みついている人も多く見られます。「自分はどうなってもいい」とか「自分さえ我慢すれば」と、身を削ることを〝美徳〟と捉えてしまうのです。

自己否定、自己犠牲、自虐……いずれも、その周波数であなたが揺れれば、あなたを否定したり、虐げたりする現象が引き起こされることは、言うまでもありません。

もう一つ、知っておいてほしいのは、自己否定や自己犠牲の裏には、たいてい「自分を認めてほしい」「ほめてほしい」という気持ちが隠れているということです。

そして自己否定と自虐で苦しんでいた当時の私は、「認めてほしい」「ほめてほしい」と思っているのに、妻や親、女性社員からほめてもらっても「いや、もっとがんばる！」と、ほめてもらっていることをシャットアウトしてしまっていました。

本当に変わったのは、「周りがほめてくれたとき」ではなく、「私が自分自身をほめたとき」だったのです。

ですから、まずはあなた自身を最大限に認め、とことんほめてあげなければなりません。

そのときに有効なのが「自分ほめ」です。

過去の著作でも紹介してきましたが、この「自分ほめ」を日々の習慣にすることで、確実に人間関係はよくなります。

人間関係が悪化するいちばんの原因は、自分自身との関係性が悪いからです。

つまり自分をないがしろにしているのですね。

「自分を認めてほしい」「ほめてほしい」と心の底では思っているのに、それを放っておくために、「自己犠牲」という歪《ゆが》んだ周波数で揺れてしまっているのです。

他者との関係を考える前に、自分自身との関係を正し、周波数を戻してあげる。これによって、状況は驚くほど改善していきます。


私の場合は、たった1週間で、社員との関係も、うつ病も改善することができました。

私を無視し続けていた人が、3か月ぶりに「おはようございます」と挨拶してくれました。

その日のうれしさを、私は生涯、忘れることはないでしょう。

「自分ほめ」は、遠慮しないで自分をただただほめること

「自分ほめ」には〝決まり〟はありません。

ただただ、自分をほめるだけ。

実際にやってみるとわかりますが、これがなかなかできない人がいます。

とくに、自己否定や謙遜が身に染みついている人は、「自分には、ほめるところなんてない」と思ってしまうようです。

本当に〝ささいなこと〟でいいのです。それをノートでも、スマホのメモでもいいので、書き出していきます。

たとえば、こんな感じです。

・朝、起きれた私、えらいよね
・食器を流し台まで運んだ私、すごくない？
・服を洗濯機に入れた私、よくやったね

え、そんなことでほめていいの？　と思うかもしれませんが、**それがいいのです。**

以下に3つだけポイントを記します。

「決まり」ではなく「コツ」とお考えください。

●主語を入れる

大事なのは「〇〇した私」と、自分という主語を入れることです。

「〇〇した僕」とか「オレ」「自分」など、自分をどう表現するかは自由です。ふだんの会話で使っている主語が書きやすいです。

●ほめ言葉を入れる

「〇〇した私」に続けて、「ほめ言葉」を書きます。

これも自由でかまいません。「えらいよね」「すごいよね」「カッコいい」「天才だわ」「最高だね」など、なんでもOKです。

遠慮することはありません。思いっきり、感じたままに、自分をほめてあげましょう。

●慣れてきたら、他者との関係をほめる

自分をほめられるようになったら、他者との関係についてもほめてみましょう。

たとえば、こんな感じです。

・今朝、会社の人に「おはよう」と言えた私、挨拶できてえらい

・上司に注意されてムカついたけど、最後まで話を冷静に聞けたオレ、よくがんばった

このように、他人との間に橋を架けてあげることで、他者の周波数を意識でき、調和しやすくなってきます。

いつもやっている“当たり前”のことをほめてみる

今では開華のトレーナーとして活躍している人でも、最初はまったく「自分ほめ」のできない人がいました。1時間かけても、1個も出てこないのです。

「私、ほめるところなんて一つもないんです。本当にダメな人間なんです」と。

でも、本当にダメなわけではありません。単に、自分を否定することが習慣になっているだけです。

そういう人は、いつも当たり前にやっていることを、ほめることから始めましょう。

・トイレに行って、手を洗った私、すごいね
・今日も会社に行ったオレ、すごいな

そんなことでじゅうぶんです。とにかく文字化することに意味があります。当たり前のことを文字にし続けているうちに、自信がついてくるからです。

私たちは、日々「当たり前」のことを積み重ねて生きています。でも、それはけっして当たり前のことではありません。たとえば、3歳のときにはできないことばかりだったでしょ？

いつのまにかそれができるようになり、それができること、それをすることが当たり前になっているだけです。「大したことない」なんて思う必要は、まったくないのです。

誰もが「愛のHz」で生まれてきました。ところが、成長するにつれて「否定のフォトン」を自分にぶつけ、「否定のHz」で揺れるようになってしまいます。それを本来の「愛のHz」に戻すための作業が、この「自分ほめ」なのです。

否定のフォトンを飛ばす人は、無意識のうちに、自分を否定しています。潜在意識でそれをしているわけです。

「自分ほめ」をくり返すことで、悪い癖を取り除き「愛のHz」に近づいていきます。

最初は「当たり前」のことをほめている人も、慣れてくると、自然にほめることが増えてきます。行動しながら、その場で「ああ、これをした自分はすごいな」と、素直に思えるようになってくるのです。

あなたが相手と繋がった存在と気づくと、関係はよくなる

くり返しになりますが、私たちは一人一人が〝モワモワの雲〟です。

エネルギー場が大きく揺れて粒のようになり、その揺れる場の広がりの結果、私たち一人一人をつくり、一つ一つの現象を引き起こしています。

そのエネルギー場がゼロポイントフィールドです。

私たちも現象も、ゼロポイントフィールド上に浮かんだモワモワだ、とイメージすると、わかりやすいかもしれません。例の「青空に浮かんだ雲」ですね。

私たち一人一人も、一つ一つの現象も、すべては同じ素粒子（粒のように見える大きな揺れ）からできたものであり、同じゼロポイントフィールド上にあるものです。

自分と相手は別々の存在だと思っていますが、本来は、一つです。「雲」と見たら別々ですが、「雲のスキマの青空」と見たら繋がっていますよね。どちらも、ゼロポイントフィールドの一部であり、繋がっている存在なのです。

そのように考えると、自分と相手を分けることは、そもそも間違っていると気づくでしょう。また、相手の言動だけを見て、それをいいとか悪いとか批評することも、じつに小さな視点でしかないことに気づくでしょう。

それは、全体の一部でしかないからです。

たとえば、あなたが「嫌だ」と批判する相手の言動は、表面的な現象でしかありません。もっと言うと、その現象は、同時にあなたの一部でもあるのです。

話が少し観念的で、わかりにくいかもしれませんね。

具体例で話しましょう。

今は開華のトレーナーとしても活躍する和田くん（仮名。通称・ワダッチー）の話です。

●現象を3階層で見る●

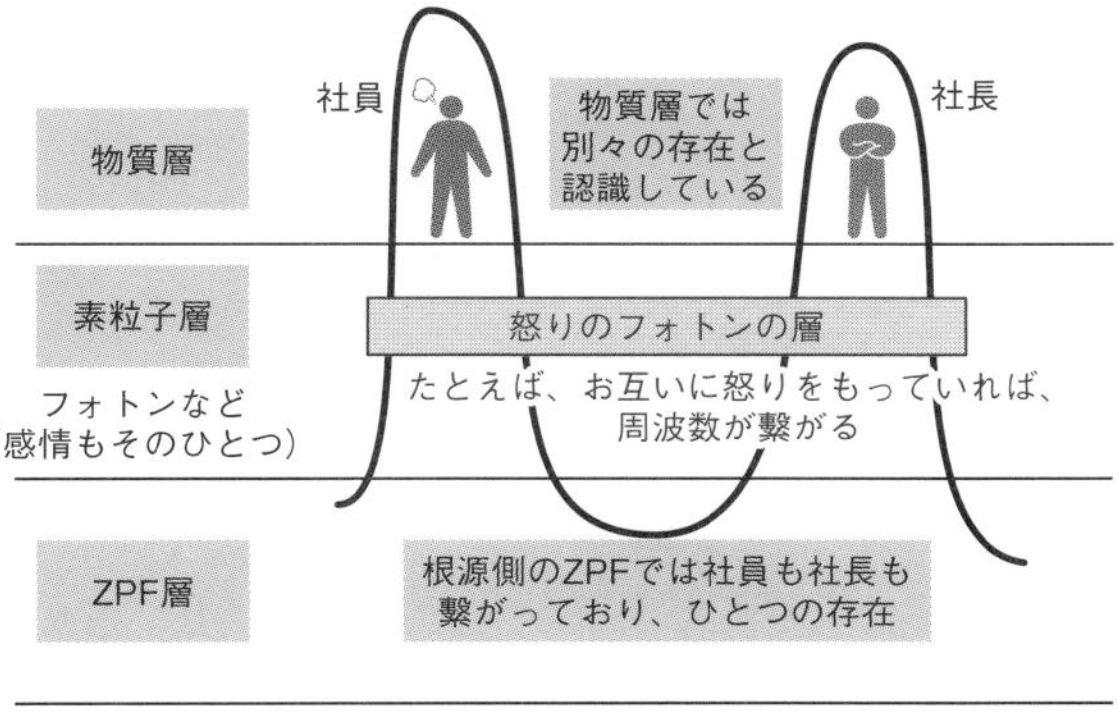

最初に会ったとき、ワダッチーは社長への不満をずっと話していました。その社長さんは、会社で怒鳴ってばかりいるそうです。ワダッチーもやり玉に挙げられ、心が折れる寸前で私のセミナーを受講したのです。

私はワダッチーに、この項で話したようなことを説明しました。社長もワダッチーも同じ素粒子であり、同じゼロポイントフィールド上の現象なんだよ（同じ青空に浮かぶ雲のようなものなんだよ）、という話ですね。

「ワダッチーと社長は、奥（ゼロポイントフィールド）で繋がっているんだ。怒りは社長の表面的な現象であり、その奥には、何があるのかな？　それはワダッチーとも繋がっているから、心を澄ませれば、わかると思う。それを見てあげたら」とアドバイスしたのです。

次に会ったとき、ワダッチーの表情は、とてもイキイキしていました。

「何かいいことがあったの?」と聞くと、ワダッチーはうれしそうに話してくれました。

「村松さんのアドバイスで社長の奥を見たんです。

怒りの原因は『わかってくれよ』という周波数だと思いました。僕の中にも同じ揺れがあるので、わかったんです。

『わかってくれよ。なんでわかってくれないんだよ』って怒ってたんですね。

なので、僕はまず、自分の場を整えようと思いました。そうすれば、社長の場も整い、指示も和やかになって業務がスムーズになるのではないか、と考えたんです。

そして、僕がそれを実践すると、社長の態度が急に変わったんです。

とくに何かを言ったわけじゃないのに、不思議ですね。以前は『ワダーッ!』って怒鳴られてばかりだったのに、『和田くん、これどう思う?』って相談してくるんだから、もう、びっくりですよ。

今では社長に対して〝経営者としてつらいんだよな〜〟という〝理解Hz〟を出して、〝成長した僕だったら相手にどう対応する?〟と、毎回確認させてもらっている感じです。

社長からの仕事の指示がまったく変わって、社長と社員の間の会話もスムーズです。周波数って、大事ですね！」

愛を広げたとたん、相手が心を許し始める理由

ワダッチーと社長さんの間に、何が起きたのでしょう？

言葉のやりとりではなく、奥側を見ただけで、スルスルーッと気持ちが通じるようになった。これは、ワダッチーの周波数が変わったのです。

社長はいつも「わかってくれよ」という「批判Hz」で揺れ、怒りを表していました。それに対し、ワダッチーも「批判Hz」で揺れて、社長への不満を募らせていたのです。

ところが、社長の奥を見ようとすると、ワダッチーの周波数に「理解Hz」が加わりました。その分、周波数が高くなり、波が細かくなったのですね。それで、社長の波がワダッチーの波と共振できるようになったのです。

なぜ、周波数が高くなると共振できるのか？　その疑問は、もっともです。

ここで周波数の〝波〟について、簡単に説明しましょう。

二つの波が重なり、波が強まることを〝共振〟と言います。共振するには、条件があります。周波数の同じ波は、無条件に共振します。

同じ周波数の人が出会い〝意気投合〟するのは、周波数が同じで共振するからです。

では、周波数が違うと、共振できないのか？

そんなことはありません。周波数が違っても、整数倍なら共振します。

たとえば、１００Hzと２００Hzの波は、周波数は違いますが、整数倍なので共振できます。１００Hzと１０００Hzも共振できます。もちろん、１万Hzも共振できます。

１万Hzは１００Hzだけでなく、２００Hzの整数倍でもあるので、それとも共振できます。さらには、25Hzとも40Hzとも80Hzとも共振できます。１２５Hzや２５０Hzとも共振できる。

波が細かいので、いろんな波と共振できるわけです。

このように、周波数が高くなると、さまざまな波の人と共振できるようになります。科学者の中には、「愛は最も高い周波数だ」と説く人がいます。反対に、憎しみは低い周波数だと言われます。実際にそれを測った人はいないので、データとしては実証できません。しかし、波の性質を考えれば「愛のHz」が最も高い周波数であることは、説明できます。

お勉強っぽい話になりますが、少しだけお付き合いください。

物質側でなくゼロポイントフィールド側から相手を見る

次ページの図のように、さまざまな周波数の波が合わさると、波が増えていきます。

これは、別の言い方をすると「周波数が高くなった」ということです。

これまで話してきたように、私たちは固有の周波数をもちながら、揺れている存在です。たとえば「自己否定の周波数」や「人を許さない周波数」「喜びの周波数」「感動の周波数」「ワクワクの周波数」などです。それは、どれか一つの定まったものではなく、状況によって変わります。当然、人に影響を受けて変わることもあります。

そこで、お聞きします。

あなたは、どんな周波数でいることが多いですか?

その都度変わるので、どれか一つを答えるのは、難しいかもしれませんね。

では、もう一つ、質問してみます。

あなたは、どんな周波数の人を受け入れることができますか?

「楽しい周波数」の人は、受け入れられますね。「優しい周波数」の人も受け入れやすいでしょう。「自分勝手の周波数」は受け入れられますか?「人を許さない周波数」は?

そうやって改めて考えると、受け入れられる周波数が少ないことに気づきます。

そう、意外にも〝許容範囲〟は狭いのです。

ところが、すべてを受け入れられる人がいます。それが「愛のHz」をもった人です。

愛の周波数は、どんな波とも共振できるほど、波が細かくなっています。つまり、周波数が高いのです。

先ほどのワダッチーを、もう一度、引き合いに出します。ワダッチーは、社長の奥を見て理解しようとしました。

物質側ではなく、ゼロポイントフィールド側で社長を見たのです。

これ、とても大事なところです。よく胸に刻んでくださいね。

●違う波を重ねるとギザギザが増える●

波の『重ね合わせの原理』

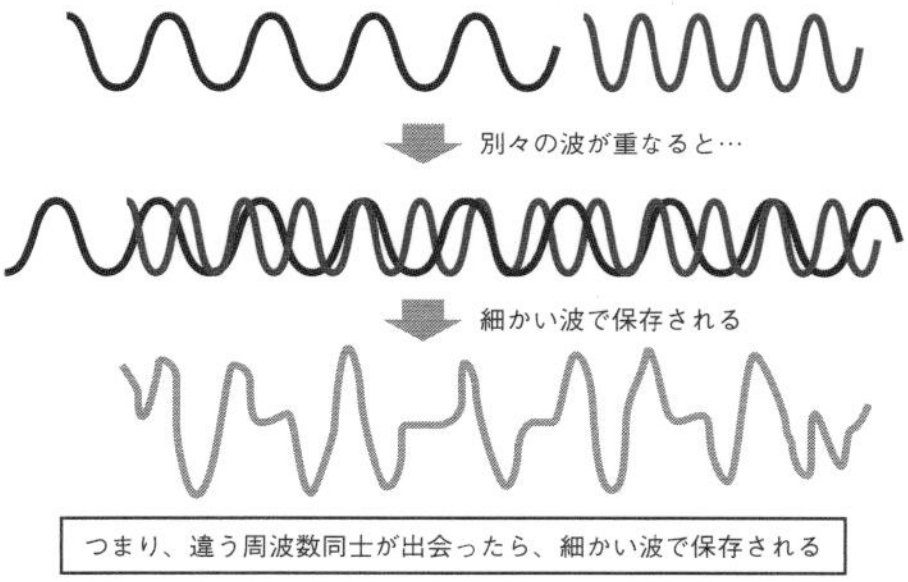

●たくさん重ねると波がさらに細かくなる●

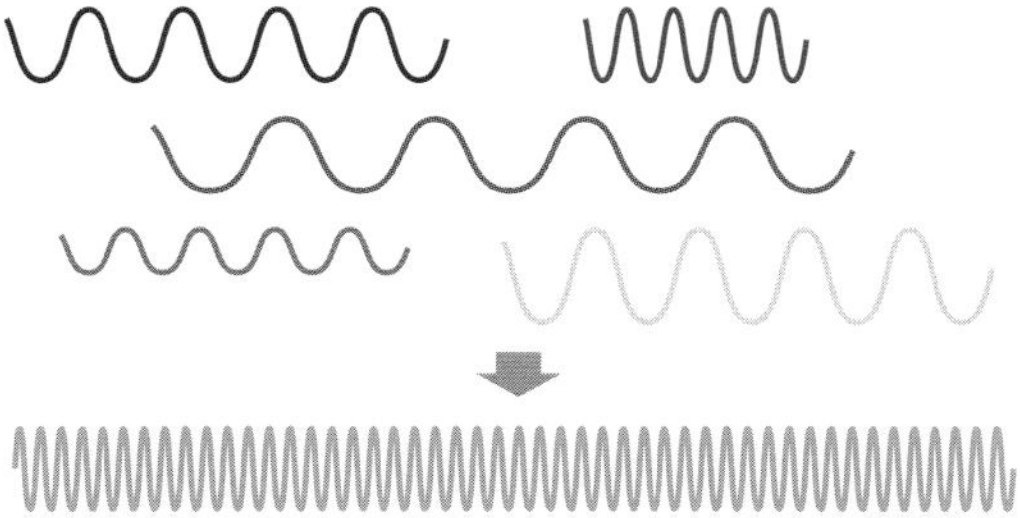

●愛の周波数のイメージ●

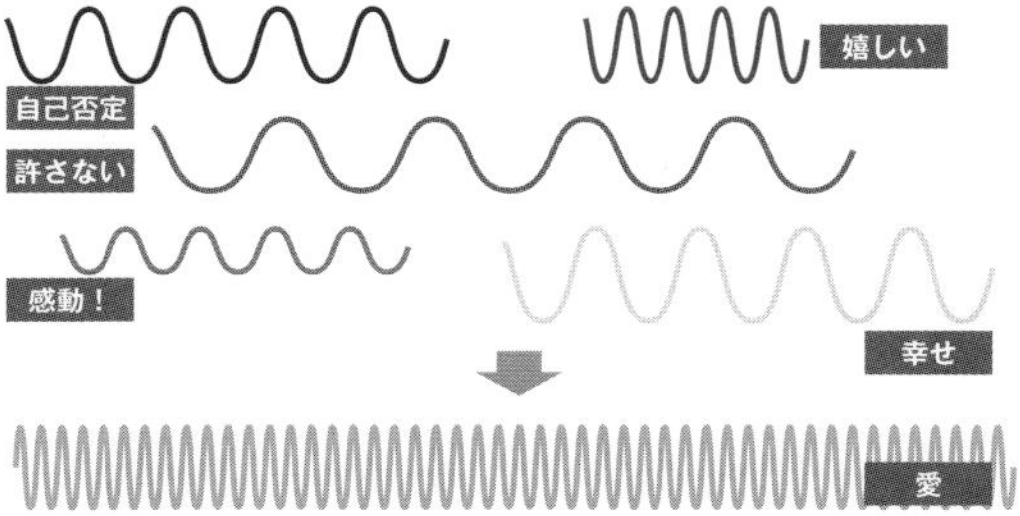

さまざまな感情を感じることができたら、最高振動数の「愛」になる！

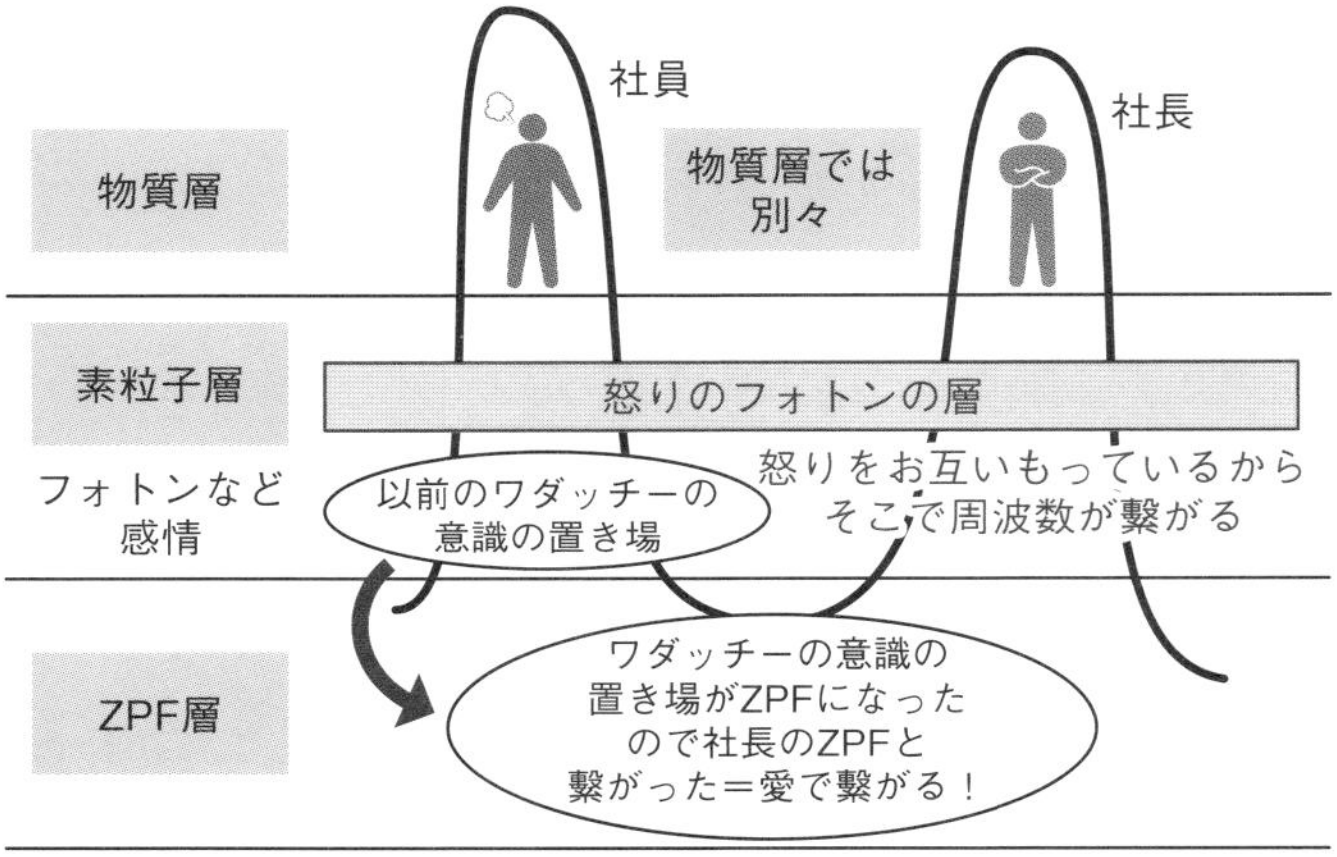

ゼロポイントフィールドは、すべてを含む莫大《ばくだい》なエネルギー場です。この世もあの世も、宇宙も、すべてを含有しています。すなわち、究極の「愛の周波数帯」です。

私たちは、物質側で暮らしているため、素粒子の集合体であることを忘れています。もっと言うと、ゼロポイントフィールドの存在など想像もできないし、素粒子がそこから生まれることも知りません。だから「愛の周波数帯」があることなど、考えてもみないのです。

でも、ワダッチーはそのような仕組みを知りました。生命や物質の〝根源〟であるゼロポイントフィールドは、常に私たちの味方であり、私たちを愛し、生かそうとしていることを知ったのですね。

だから〝根源〟のゼロポイントフィールド側に立

って考えられるようになった。ワダッチーの周波数が高くなり、愛の側に近づいたのです。

社長の態度が急に変わったのは、このためだと考えられます。

周波数が高まったワダッチーの波は細かくなり、社長のゼロポイントフィールド側（青空側）と共振した。このため、社長は穏やかになったのです。

夫婦は〝水とお湯〟と考えると互いを理解できる

私の講演会やセミナーでは、夫婦間の悩みを話してくださる方が大勢います。

「村松さん聞いてくださいよ。もう、うちの主人ったら○×△□……。ねえ、ひどいと思いませんか。私と主人は〝水と油〟みたいに混ざり合えないし、わかり合えないんです」

「なるほど……」と聴きながら、私は以下のように返しました。

「〝水と油〟というよりは〝水とお湯〟ですね。夫婦はたいていそうですよ」

「え、水とお湯ですか？　どういうこと？」

はい、では説明しましょう。理科的に話します。


水は何からできていますか？

水素と酸素ですね。化学式では「H_2O」となります。

では、お湯は何からできていますか？　同じく水素と酸素で「H_2O」です。

じゃあ、氷は？　やっぱりこれも水素と酸素で「H_2O」。

やかんの口から噴き出る蒸気は？　これも「H_2O」です。

どれも同じものなのですが、まったく違うものに見えますよね。

温度の差で、水になったり、お湯になったり、氷になったり、蒸気になったりします。

もっと厳密に言うと、温度によって分子の振動数が変わるのです。

氷は温度が低い（＝振動数が低い）ので、H_2O同士は水素結合してくっつき、固まります。だけど、温度が上がると水素結合が切れて、ゆるんで水になります。

そして、熱が入って温度が高くなる（＝振動数が上がる）と、お湯になる。さらに高くなると、沸騰して分子が大暴れして、蒸気となって勢いよく噴き出すのです。

つまり、同じH_2Oなのに、状態が違うのです。

まるで夫婦みたい、と思いませんか？

たとえば、こんな感じ、思い当たりませんか。

「氷くん」と「お水ちゃん」が結婚しました。

最初は「僕は君に溶かされちゃう」とか「二人の相性はバッチリね」なんてラブラブだったのですが、時間が経《た》つうちに、お互いの違いに文句を言い始めます。

お水ちゃん「あなたって頭が固いわね。そもそも冷たいのよ」

氷くん　「おまえはゆるいんだよ。っつうか、優柔不断なんだよ」


よくある夫婦げんかでしょ？

「あなたたち、同じH_2Oなのに、なんでバトルしてるの？」って話なのです。

もしもケンカが始まったときに、「あ、そうか！　私もダンナも同じH_2Oだったよね。振動数が違っているだけじゃん」と気づけば、感情的にならずに済むかもしれません。つまり、根源的なところを見てあげるのです。

これは夫婦間だけのことではありません。職場の仲間も、上司と部下も、親子も、近所の人も、すべての関係において言えることです。

表面的に見ると、違いが気になって「ムカつく」とか「なんだあいつは」と思ってしまいますが、根源的に見られるようになると、相手も同じだと理解できるようになります。

このように、次元を変えて物事を見ることを〝視座〟と言います。

物質側の浅い視座ではなく、視座を深め、根源側で見ると、つまらない争いは消えるのではないでしょうか。

怒りを封印してしまうと、夫婦ゲンカが絶えなくなる

そもそも夫婦とは何なのでしょう?

私は〝同じ周波数の男女〟が惹《ひ》かれ合って一緒になったものと考えています。

たとえば、「怒ってはいけない」と思っている男女が、お互いの価値観に似たものを感

じてお付き合いを始め、結婚したとします。

「怒りを封印している」という点で、周波数が同じなんですね。

でも、いくら怒りを封印しているといっても、神さまではないので、ときには怒りが湧くこともあります。たとえば、ダンナさんが休日に家でゴロゴロしていることに、奥さんがイラついてしまうことなどは、よくあることですよね。

そんなとき、この夫婦はどうなるか？

奥さんは、怒りを封印しようとしているので、自分のイラ立ちを許せない。いっぽう、ダンナさんも、怒りを封印しようとする周波数なので、怒りに敏感です。奥さんの小さなイラ立ちも感じ取ってしまいます。

そして、よせばいいのに「なんでイラ立ってるの？」などと言ってしまう。

怒りを封印したい奥さんは、「別にイラついてなんかいないわよ」と言います。でも、心の中では《あなたがゴロゴロしているからイラついてるんでしょ》と思っているので、つい言葉に怒気が混じってしまいます。

こうなると、怒りを封印したいダンナさんも、「ほら、やっぱり怒ってるじゃん」とイラ立ち始め、互いのイライラが大きくなっていきます。

しかも、互いに怒りを封印しようとしているので、怒る自分を否定しながら、相手が怒ることも否定してしまいます。こうして相手に対する存在否定が始まるのです。

そして、奥さんはこう言います。

「私、あなたといると存在否定されているようで、本当の自分を見失ってしまうの」

「そうだな。別れたほうがお互いのためだね」

ダンナさんはそう返し、離婚が成立してしまうのでした。

じつは、目の前に起こる現象は「自分がどんな波を相手や自分に出しているか」を教えてくれているだけなんです。

相手の波を受け止めず、乗ってしまえばいい

相手の怒りに反応し、つい怒ってしまった、という経験はありませんか?

理由はうまく説明できないけれど、なぜか、無性にイライラしてしまう……。

これは、相手の怒りの波が伝播《でんぱ》してきて、あなたの場を揺らすからです。あるいは、相手の「怒りのフォトン」が飛んできて、あなたの場を揺らしたからです。

こんなとき、相手の波の影響を受けずに済む、よい方法があります。

それは、相手の波に乗ってしまうことです。波を受け止めるのでも、波に反発するのでもなく、「乗ってしまう」のです。

どういうことか？

たとえば、相手が怒っているなら、「そりゃあ怒るよね」と乗ってみる。「怒るのもムリないよ」と、相手の怒りを認めてしまうのです。

すると、相手はたいていの場合、「あ、ごめん。オレ怒ってたね。なんか、悪かったね」と、それ以上の怒りを発しなくなります。

なぜかといえば、「そりゃあ怒るのもムリないよ」というのは相手への存在肯定になり、あなたが相手の奥側を見てあげたことになるからです。

表面的な現象でなく、相手のゼロポイントフィールド側に立ち、「愛のHz」で場を揺らす。この周波数に相手が共振するわけです。

人間関係を円満にするコツとして、これを実践してみるといいでしょう。

物質界に住む私たちは、どうしても目に見える現象に囚《とら》われがちです。目に見える、耳に聞こえるものに一喜一憂しながら、日々を送っています。

意識や感情は、目に見えませんが、感じ取ることができます。相手の場が揺れて、それが伝わってくるからです。そして、あなたも揺れるため、自然に反応してしまうのです。

でも、それは目に見えず、その仕組みも知らないため、理由がわからず、ただイライラしたり、不安になったり、悲しくなったり、恐れを感じたりしてしまうのです。

今回のように、相手の怒りを「認めてしまう」。そして、自分の怒りも「認める」。すると、１０７ページの図のように、あなたの波の振動数が増えて、愛になっていきますよ。

「愛」とは、「怒らずに愛でいなきゃ！」ではなく、「あらゆる感情を認めること」なんです。

第2章のふりかえり――〝実践〟のためのヒント

・**あなたが両親の下に生まれたのは、周波数が同じだったからです。**「こんな親」と否定すれば〝否定Hz〟の人生を歩み、肯定すれば〝生かすHz〟の人生を歩むことになります。

・**親子の関係が〝不調和〟だと、他の人間関係もうまくいかなくなります。**不調和は「自分の一つの周波数に固執」することから始まります。

・**「自分が」の〝が〟ではなく、「自分も相手も」の〝も〟で生きてみましょう。**それは、すべてを生かす「愛の周波数」に近い生き方です。

・**「〇〇しなければ」「〇〇じゃないとダメ」も固執です。**波の揺れが制限されるため、自分らしさも失われ、関係も硬くなるのです。「〇〇もOK」と周波数帯を広げてみましょう。

・**「努力しても報われない」と徒労感や虚無感を感じる人へ。**もしかすると、あなたの努力に〝自己犠牲〟の気持ちが含まれているかもしれません。見直してみましょう。

・**自己否定や自己犠牲の周波数を変えるのは、簡単ではありません。**根本から変えるには

「自分ほめ」がいちばんです。

・**相手にも、自分にも、誰にもトゲを出さない「優しい周波数」で生きましょう。**それには「自分をほめる」「自分を許す」「自分をねぎらう」ことです。

・**「自分ほめ」には、遠慮は不要です。**赤ちゃんやペットをほめるように、ささいなことでもほめていいのです。だって、私たち一人一人が〝神の子〟のようなものなのですから。

・**私たちは、ゼロポイントフィールドと繋がった〝神ってる存在〟です。**だって、あなたがどんな状況でも、自分を否定しても、全身の細胞はあなたを生かそうとしていますから。

・**あなたが人を理解しようとすると、相手もあなたを理解しようとします。**あなたの周波数帯が広くなり、その一部と同調するようになるからです。

・**さまざまな周波数の人を受け入れましょう。**あなたの波は細かく揺れ、周波数は高くなります。「愛の周波数」に近づいていきます。

・**夫婦は〝水とお湯〟のようなものです。**お互いに「H_2O」で揺れ方が違うだけ。その事実に気づくと、お互いを〝批判〟せず〝認められる〟ようになります。

・**怒りは封印せず、「怒っている自分」も認めてしまいましょう。**また、怒っている相手も認めましょう。「そりゃあ怒るよね」と認めてしまうと、ウソみたいにラクになります。

第3章

「因果応報」を変える

「親の因果が子に報い」という言葉があります。
このためか、過去に囚《とら》われる人も多くいます。
素粒子レベルでは、どう見えるでしょうか。
原因とは、自分が自分にかける〝呪縛〟です。
周波数帯を変えれば、あなたは自由自在。
パラレルワールドを飛び移る方法をお教えします。

「因果応報」は素粒子的に見たら〝引き寄せ〟です

「因果応報」とは、なんでしょう。
この言葉、ちょっと恐ろしく感じませんか？

辞書（四字熟語を知る辞典：小学館）には、こう書かれています。

「仏教で、前世やその人の過去の行いが原因で、さまざまの結果を報いとして受けること」

なるほどー。

「真面目に生きなさいよ。そうしないと子や孫の代まで苦しむことになるからね」という〝戒め〟の意味が込められています。

そして、戒めが〝効きすぎ〟ているのか、自分を縛ってしまう人が多くいます。

山田さん（仮名）はその典型です。

家には次のような話が、代々、伝わっていました。

「先祖にイネという女性がおり、ある商家の長男と恋に落ちた。だが、男には親が決めた許嫁《いいなずけ》がおり、二人は結ばれなかった。失意のイネは、池に身投げして死んだ」

以来、山田家には、婚約破棄や離婚など、結婚に失敗した人が何人もいるというのです。じつは山田さんもその一人で、彼女の浮気が発覚し、婚約を解消しました。

山田さんは、こう言います。

「因果応報って、こういうことなんでしょうね。僕の家族も彼女のことは大好きだったんですが……。祖母と叔母は『ご先祖の報い』だから仕方ないねえ、と言っています」

なんとまあ！　こんなことがあるんですね。

でも、本当に、ご先祖さまが原因で、山田家には〝悲恋〟が続くのでしょうか？

素粒子的には、次のようなことが考えられます。

山田家には、イネさんの「悲恋のフォトン」が残っていたのかもしれません。親族もイネさんを憐《あわ》れみ、悲恋のフォトンをぶつけます。そのため、場の「悲恋のHz」が濃くなり、同じ周波数をもつ人が引き寄せられてくる。そして次の悲恋が現象化してしまった——。

これはあり得る話だと思います。

でも、それが何代も続くものなのでしょうか？

山田家に続いた悲恋の原因は「イネさんの報い」ではありません。そのような「悲恋Hzのフォトン」は時空を超えて存在しますが、山田さん本人が、その周波数を変えれば済むことです。「悲恋の家系だからダメだ」と捉えるのではなく、「〝本当の愛で生きるにはどうしたらいいか〟考える生き方をするために山田家に生まれたのだ」と捉えたとき、あなたの振動数が「おかげでHz」になり、山田家すべての振動数が時空を超えて、今引き上げられるのです。


連鎖し続けてしまうことが「因果応報」ですが、素粒子は「瞬間の点滅」であり、「過去の点滅」と「今の点滅」は関係がありません。その点滅は、確率でしかありません。そして観測すると確率が1に近づく（点滅する）のです。

「山田家は、悲恋だから私もダメなんだ」という観測が〝因〟になっています。

因果応報というのは、じつは自分が招いているのです。

因果応報の〝因〟は自分自身にあります。先祖の行いの報いではなく、もちろん呪いでもありません。因果応報という言葉の呪縛にかかり、自分で悲恋フォトンをぶつけて場を揺らし、現象を引き起こしているだけなのです。

量子力学的「占い」との賢い付き合い方

多くの人を夢中にさせる「占い」も、素粒子から見ると、因果応報と似ています。たとえば、「あなた、この名前の画数だと早死にするよ」と言われたとします。すると、「ああ、私は早死にするのか」と、不安のフォトンをぶつけます。それによって、場が不安の周波数で揺れて、不安な現象を引き起こしてしまいます。病気やケガ、人間関係のゴタゴタ、仕事の失敗など、いろいろなカタチで不安が現象化してきます。すると、ますます「ああ、やはり私の名前が悪いのだ」と不安になって、それに見合う不安な現象がまた起こる。

それでストレスや心労が蓄積し、病気になったり、早死にしたりする可能性が高まる、というわけです。

もちろん、占い自体が悪いわけではありません。占星術も手相も四柱推命も姓名判断も、それぞれ長い歴史の中でデータを蓄積し、そこから導かれた〝統計学〟とも言えます。

ですから「過去の統計と照らし合わせると、あなたにはそういう傾向がありますよ。だから注意してくださいね」という〝転ばぬ先の杖《つえ》〟だと言えます。

したがって、気づきを与えてもらったことに感謝する分には〝強い味方〟になります。

「気づかせてくれてありがとう。食生活や考え方を良くして、健全な生き方をしよう」

そんなふうに、うまく自分をクリエイト（創造）していくのが、占いとの賢い付き合い方だと思います。

ところが、「過去の因縁」とか「それがあなたのカルマだ」などと言われると〝自分ではどうにもならないもの〟と思って、先ほどの「因果応報」と同じように、自分から〝カルマの沼〟にハマっていってしまいます。

「カルマだから逃れようがない。私は早死にしてしまうのだ」というフォトンをぶつけて、場を「早死にHz」で揺らし、病気やストレスフルな生活を引き起こしてしまうというわけです。

悪い占いが出たなら、当たらないようにすればいいだけなのに、自分から当たりに行ってしまう。これって、もったいないと思いませんか？

ここまで何度も話してきたように、私たちの実体は〝モワモワの雲〟でしたね。つまり、どんなふうにも姿を変えることができるわけです。

先祖が悪い行いをした、という〝過去の因縁〟があるなら、それを変えてしまえばいいだけのこと。因縁の〝因〟は事実として受け止めるとしても〝縁〟は変えられるのです。

しかも、とても簡単に。場に「よいフォトン」をぶつけ、その周波数で揺らすだけ。これだけで現象は、その瞬間から変わってくるのです。

ずっと「いいこと」だけが起こる世界は可能です！

もちろん、よい占いなら、大いに信じてみればいいと思います。

「私は〇〇なんだ。ラッキー」と思うことで、場の周波数も高まります。その波に乗ってみるのです。そうすれば、本当によい現象が引き起こされます。

ところが、日本人の多くは、波に乗るのがうまくありません。

「本当かな？」と疑ってしまうからです。「そんなにうまい話があるわけない」と思ってしまうのですね。

勤勉な日本人は、ほとんどがそのように躾《しつ》けられるでしょう。あなたもそうではありませんか？

「禍福は糾《あざな》える縄の如《ごと》し」「振り子の法則」などと言われ、よいことがあったら、次は悪いことが起こる、と信じてきたかもしれませんね。

せっかくよいことが起きているのに、次の悪いことにそなえてしまう。そうやって、わざわざ自分から悪い波を立ててしまう。

これもやはり、もったいないことだと思いませんか？

よいことの後に悪いことが起こるとは決まっていません。反対に、悪いことの後によいことが起こるとも決まっていません。

あなたの意識次第では、ずっとよいことが起こる世界もあるのです。もちろん、ずっと悪いことが起こる世界もある。あなたの意識次第で、世界は変わるのです。

これが「パラレルワールド」の考え方です。

本章では、パラレルワールドについて簡単に話しますが、さらに詳しく知りたいという方は、前著『現象が一変する「量子力学的」パラレルワールドの法則』をご一読いただければと思います。

「パラレルワールド」は簡単に飛び移ることができる

パラレルワールド（Parallel world）は〝並行世界〟とか、〝並行宇宙〟〝並行時空〟などと言われます。

今、あなたがいる世界と並行して、同時に存在する別の世界のことです。

けっしてSF小説や映画の中だけの話ではなく、現実に存在する世界です。量子力学の最新の論文でも、パラレルワールドに関する興味深い研究結果が次々と報告されています。

パラレルワールドは、時空を超えて存在する世界です。いつでもどこにでも存在するし、誰もがそこへ飛び移ることができます。

それがどこにあるのかといえば、すぐそこにある。というより、今あなたがいる空間と同じ場所に存在しています。

今いる世界とは何が違うのかといえば、周波数帯が違うのです。

あなたが今、「悲しみの周波数帯」の世界にいたとしても、いつでも「喜びの周波数帯」の世界へと飛び移れるのです。

それには、あなた側の周波数を変えるだけ。場の揺れ方を変えればいいわけです。

まずは、あなたから飛び出るフォトンを変えてみましょう。

意識や考え方を変えるのです。

たったこれだけで、場にぶつかるフォトンの周波数が変わり、場の揺れ方が変わり、あなたの住む世界が変わっていきます。

世界が変われば、そこで起こることも、出会う人も変わってきます。さまざまな現象が一変するのです。

喜びのパラレルに行ったら、悲しいことは起こらない？

前著を読んでくださった方から、次のような質問を受けました。

「意識によって、周波数帯が変わり、パラレルを飛び移れるという〝理屈〟は理解できました。でも〝実際〟はどうなんですか？　たとえば『喜びの周波数帯』のパラレルに行ったら、悲しいことは一つも起こらないんですか？」

鋭いですよね。本の内容を一生懸命に理解してくださったことに、心から感謝です。

そのうえで、さらなる〝気づき〟を得てくださろうとしていることには、感動すら覚えます。質問をしていただくおかげで、私にも新たな気づきが生まれますから、もう本当に感謝なのです。

「ありがとう」の思いを込めて、私は次のように答えました。

「悲しいことは起こります。でも、それに対する捉え方が変わります」

たとえば、おばあちゃんが突然死したとします。社会的に見れば災難で、家族にとっては悲しい出来事です。パラレルを飛び移り「喜びの周波数帯」に行ったとしても、こうした悲しい出来事がなくなるわけではありません。

しかし、捉え方が変わるのです。

「亡くなったのは悲しいけど、急死したおかげで、長く苦しまずに済んだんだね。そういえば、おばあちゃんは前から『何年も病院のベッドで過ごしたくない。死ぬときはピンピンコロリがいい』と言ってたっけ。おばあちゃん、いろいろ苦労もしたけど、がんばったから、神さまが最後のご褒美に、ぽっくり死なせてくれたんだね。おばあちゃん、よかったね。そして本当に、今まで私たちに優しくしてくれて、ありがとうね」

こんなふうに、悲しい出来事も〝おかげで〟や〝感謝〟の気持ちで捉えられるようになります。

おばあちゃんの人生が、苦労も含めて素晴らしいものに思えるし、おばあちゃんとの思い出も美しいものになります。

仮に、叱られた記憶があったとしても、それさえ「私のために叱ってくれたのだ」と、ありがたい記憶に塗り替えられていくのです。

逆境をバネにして生きる量子力学の知恵

「経営の神さま」と呼ばれた松下幸之助さんをご存じでしょう。

そんな〝神さま〟を、私が語るのは僭越《せんえつ》ですが、松下さんもまた、パラレルワールドを飛び移った一人だと思っています。

松下さんは、9歳のときに商家へ丁稚《でっち》奉公に出されました。お父さんが米相場に手を出して失敗し、極貧の生活を強いられたからです。

小学校を中退して働きに出る。理不尽な境遇にもくじけず、松下さんは、朝から晩まで、明るく楽しく働きます。

店の下働きから子守りまで苦労は絶えませんでしたが、あらゆる経験が〝商才〟へと繋《つな》がっていきます。

伝記ではないので、この後の立身出世のストーリーは省きますが、経営者になった松下さんは病気がちで、出社できない日も多くありました。

それでも事業を次々と成功させ、会社をどんどん大きくしていきました。松下電器産業、今のパナソニックですね。

「貧乏」で「小学校中退」（学歴なし）で「病気がち」——。

〝エリート〟にありがちな「恵まれた家庭」「高学歴」「健康」とは正反対の環境です。

つまり、人生は〝捉え方次第〟でどうにでも変わる、ということです。

松下さんは、ふつうなら呪いたくなる境遇を〝成功のバネ〟と捉えました。

・貧乏 → おかげで、人の痛みがわかるし、物を大事にできる。ありがたい。

・学歴なし　→　おかげで、素直に「わからない」と言えて教えを請える。ありがたい。

・病気がち　→　おかげで、私をカバーしようと力を発揮してくれる部下が育った。ありがたい。

子どもの頃、私の家には松下ブランドの家電がいろいろありました。テレビ、洗濯機、冷蔵庫、炊飯器など、どれも「丈夫で長持ち」が魅力です。経済的に苦労した松下さんだからこそ「長く使える製品」をつくったのではないかと思うのです。

また、松下政経塾を創設して多くの人材を輩出できたのも、丁稚時代から養った「人物眼」や、病気がちで「人と和す」力があったからこそだと思えるのです。

丁稚奉公に出された松下さんは、悪く言うと〝親から外に出された身〟です。人や世を恨みながら「否定の周波数帯」のパラレルで生きたとしても、なんら不思議ではありません。でも松下さんは、世のため人のために奉仕する「愛の周波数帯」で生きたのです。

松下さんは、ご自身の周波数帯など気にされていなかったと思いますが、パラレルワールドを飛び移ったことは明らかです。

人間不信のパラレルにいた「みきちゃん」の話

もう一つ、「パラレルワールドを移ると過去も変わる」という例を紹介します。開華のトレーナーとして活躍する、小谷美樹さん（通称・みきちゃん）の話です。

みきちゃんは、躾《しつけ》に厳しいお父さん（康夫さん）の下で育ちました。〝厳しすぎる〟という表現のほうがピタリときます。

ご飯を1粒でも残したら殴られ、朝7時の挨拶が1秒でも遅れたら殴られ、畳んだ布団が曲がっていたら殴られ、毎日の日課と言って理由なく殴られていました。「美樹」という名前ではなく「ブス」と呼ばれていたとも聞きました。

「家から出たい」という一心で、みきちゃんは、若くして結婚します。

でも「人間不信のパラレル」にいますから、出会う相手も「人間不信の周波数」の持ち主です。みきちゃんのご主人もそうでした。互いに小さなことを責め合いながら、心を閉ざす時間がどんどん増えていき、やがて離婚に至ります。

そして、最愛の子どもたちとも別れることになったのでした。「いまごろどうしているかな。どんな思いでいるんだろう？　ちゃんとご飯を食べているかな、学校で楽しくやっているかな」と子どもを思うたびに、自分を責めてしまいます。「ああ、私が悪かったからだ。こんな私は生きる価値などないんだ」と、死んだように生きていたのです。

でも、このままじゃダメだ。なんとか自分を変えたい――。

そんなとき、何気なく見たYouTubeで私を知ったそうです。そして、私のセミナーに参加してくださったのです。初めて会ったときのみきちゃんは、心に鎧《よろい》を着ているような印象でした。すごくチャーミングなのに、それが隠れている。自己批判や怒り、絶望など、負の感情を心の奥に隠すうちに、自らの魅力まで抑え込んでいるように感じたのです。

みきちゃんは、自身の体験を話してくれました。ご主人との別れ、子どもたちへの思い、そして、亡くなったお父さんのことも。

みきちゃんにとって、お父さんから殴られるのは日課であり、特別なことではなかったそうです。だから、お父さんには恨みはないものの、いつも心の奥底に、得体の知れない怒りがあったと言います。

ところが、お父さんが亡くなって数年経《た》ち、「ＤＶ」という言葉がテレビなどで取り上げられるようになると、「あ、私はＤＶを受けていたんだ」と気づいたそうです。「だから、私の人生はうまくいかなかったんだ。康夫（父）からＤＶを受けたことで、私の人格は曲がってしまった。すべて康夫のせいなんだ」と、お父さんを恨むようになったのだと、正直に打ち明けてくれたのです。

私は、みきちゃんにこう言いました。「小谷さん、自分を許せなくていいんですよ」と。

みきちゃんは、驚いた表情で私の顔を見つめ、大粒の涙を流し始めました。

「だって……私……えっ、子どもを手放しちゃって……。あの人にも優しくできなくて……、いろんな人間関係がうまくいかなくて……康夫も憎んで……ダメだダメだって思って……」と、嗚咽《おえつ》交じりに話してくれます。

私は「つらい思いをしましたね。小谷さんが自分を責めたり、お父さんを責めたりするのは当然です。許せない自分を否定することはありませんよ。むしろ『今までよく耐えてきたね、がんばったね』と、自分をほめてあげましょうよ」と話したのです。

すると、みきちゃんは人目もはばからず、まるで子どものように声を上げて泣きました。心に溜《た》まったドロドロの思いを吐き出しているかのようでした。

日々の暮らしの「おかげで」を探してみる

その後しばらくして、みきちゃんは、私にこう問いかけてきました。

「ダメな自分を、本当に許していいんですか?」と。

私は、「ダメと思っててもOKで、その奥がそもそも素晴らしいんです」と話し、そのうえで『『おかげで』を探してみませんか?』と〝おかげで日記〟を提案してみたのです。

〝おかげで日記〟なんて言うと、「うさん臭ッ」と感じる人もいるかもしれませんね。

でも、まったく怪しくありません。これまで何度か話してきたことですが、自分の行動を〝おかげで〟をつけて振り返ってみるだけのこと(145ページ参照)。

たとえば、「今日、電車に乗り遅れた。でも、その〝おかげで〟考える時間ができて、仕事がうまく進んだ」というように。

どんな出来事にも〝おかげで〟をつけて振り返ってみると、よくなかったことに対しても「おかげで」の気持ちが湧いてきて、素直に感謝できるようになる——。

これが〝おかげで日記〟です。みきちゃんも、この感謝行に取り組み始めました。ところが、最初はうまくいきません。〝おかげで〟がどうしても出てこないのです。

虐げられて育ったので、体内に「せいでフォトン」がたくさん溜まっていたのです。どんな人も、続けているうちに、「おかげでフォトン」が増えることで「せいで」が減ります。みきちゃんも、そうでした。最初は、お父さんのことには触れずに行いました。

「今日は買い物で得をした。おかげで、100円を貯金箱に入れることができた」

「今日は会社で上司に注意された。おかげで、少し成長できた」

でも、やはり思いが強いのでしょうね。抑えきれなくなって、どうしてもお父さんのことが出てきています。

「今日は仏壇に線香を上げた。おかげで……おかげで……康夫の顔が……。康夫のせいで、私の人生はむちゃくちゃになった！」

本当は〝おかげで〟と書きたいのに、お父さんの顔が浮かぶと、すぐに〝せいで〟になってしまいます。

徐々に慣れてくると〝おかげで〟と書けるようにはなりましたが、「父のおかげで」と書くことはできず「康夫のおかげで」と呼び捨て。投げやりなのがありありです。

それでもおかげで日記をずっと続けていると、あるとき突然、変化が現れました。

「今日、車が私の横を猛スピードで走り抜けた。危なかったけど、おかげで、安全運転をしようと思った」と書いた瞬間、「あっ！　あのとき……」と思い出したというのです。

幼稚園の頃、泣きながら帰った日の記憶です。近所のお兄さんにイタズラされそうになり「このことは誰にも言っちゃいけないよ」と脅されたそうです。

でも、みきちゃんは家に着くや否や、その出来事をお父さんに話します。すると、お父さんは血相を変えて、お兄さんの家に怒鳴り込んでいきました。

「え、うそ……。信じられない……。康夫が私のことを守ってくれていた？」

すると、堰《せき》を切ったかのように、愛されていた記憶があふれてきました。

みきちゃんは、それをずっと封印していたようなのです。

パラレルワールドを移ると過去も変わる

みきちゃんに、いったい何が起こったのでしょうか？

それは、周波数帯の変化です。

「人間不信の周波数帯」にいたみきちゃんには、お父さんの嫌な面ばかりが見えていました。ところが、日常の行動を〃おかげで〃で振り返ることによって、周波数帯が変わっていったのです。私は、みきちゃんに言いました。

「みきちゃんね、そろそろ、康夫ではなく、お父さんって呼んでみない？」

すると、みきちゃんの目から大きな涙がこぼれ、素直な感情が出てきました。

「お父さん、ごめんね、ごめんね……。私、お父さんの本心に気づけなくて、反抗して、嫌な娘だった……。寂しかった……よね」

それからは、おかげで探しに「お父さん」どころか「康夫御柱のおかげで」と〃神格化〃して書くようになったのですから、感動のあまり私も涙が出てしまいました。

父に殴られた、という事実そのものは変わりません。

でも、過去の思いは変わりました。憎くて仕方なかった父の仏頂面が、今では思い出すたびに、菩薩《ぼさつ》像のごとくに思えるというのです。

まさに「過去が変わった」のです。

変わったのは、それだけではありません。離婚後、みきちゃんは我が子との面会も許されていませんでしたが、その関係性も急激に変わっていきました。二人の子はすでに成人し、家庭をもっていましたが、頻繁に行き来するようになり、今年の夏休みは息子の家族と一緒に海外旅行をするまでになったのです。もう、孫が可愛《かわい》くて仕方ないそうです。

みきちゃんは、こんなふうに言ってくれました。

「村松さんが話していた『パラレルワールドを飛び移る』って、こういうことだったんですね。住む世界が、本当に一瞬で変わったんです。

周波数帯の変化は、正直、自分ではわかりませんが、以前は自分で自分を縛っていたのだと思います。今は父もすぐそこにいて、応援してくれているのがわかります。本当に映画みたいなものかもしれませんね」

映画やドラマで描く「パラレルワールド」では、過去が変わると、写真の人物が消えたり変化したりします。でも、現実のパラレルワールドは、過去が変わっても、その事実は変わりません。捉え方や印象が変わるのです。波の濃さが変わるのです。

1万粒あった「恨みフォトン」が100粒に減るような感じです。そう考えると、パラレルワールドのことを理解しやすいでしょうし、飛び移りやすくもなると思います。

みきちゃんは「愛されていた記憶」を「封印していた」のではなく、「おかげでのパラレル」に移ったとき、そのパラレルには「愛されていた出来事の記憶」がそもそもたくさんあったのです。

すべてを生かす「愛の周波数帯」に近づくには?

なぜ〝おかげで〟と振り返ることで、周波数帯が変わり、現象が一変するのでしょう。

ここからは私の仮説ですが、命の本質側に触れるからだと、私は考えています。

つまり、ゼロポイントフィールド側に立って「ありがとう」で場を揺らすからではないか、と。

行動を〝おかげで〟と振り返ることで、感謝の気持ちが湧いてきます。誰かを許す気持ちにもなれます。あなたの周波数が高まり「愛の周波数」に近づいているのです。

もちろん、周波数そのものは測れません。また「愛の周波数」が高くて、「憎しみの周波数」が低いかどうかも、実際に測定したわけではないので、わかりません。

しかし、「ありがとう」と言ってくれる人と「許さない！」と言う人、あなたはどちらの人と一緒にいたいと思いますか？

答えは、言うまでもありませんね。

それは「愛の周波数」に近いからだと思うのです。

赤ちゃんは、とても愛《いと》おしいですよね？　理屈抜きに可愛いし、守りたくなります。

これも赤ちゃんが「愛の周波数帯」にいるからではないでしょうか。物質界に染まっておらず、すべてを生かそうとするゼロポイントフィールドの意志を、そのまま体現した存在だからだと思うのです。

〝おかげで〟と振り返りながら「ありがとう」を増やすことは、「愛の周波数帯」に近づいていくこと――。

そのように考えていいと思うのですが、どんなに理屈を並べるよりも「百聞は一見に如《し》かず」です。実践し、実感してもらうのがいちばんかもしれませんね。

第2章（94ページ）で話した「自分ほめ」と併せて、「おかげで日記」をつけてみることを、おすすめします。

〝おかげで日記〟のつけ方

初めての方向けに説明します

◎書き方は自由

とくに決まりはありません。一日の行動を振り返り「おかげで〇〇になった」とか「おかげで〇〇ができた」と書くだけです。

ノートでもスマホでもOKです。誰かに見せるためのものではないので、きれいに書く必要はありません。夜は眠くなっちゃうという人は、空き時間に、ささっと書く。通勤や通学の電車内で書くのもいいですね。

◎よかったことでも、悪かったことでもOK

一日の出来事には、「やった！」とか「うれしい！」と思うこともあるし、「嫌だな～」とか「やっちまった～」と思うこともありますよね。どちらかを選ぶ必要はありません。行動をありのままに書きながら、そこに〝おかげで〟を振りかけます。

・朝、妻とケンカした。そのせいで、少し気分が落ち込んだけど「おかげで」を探したら、自分もちょっと言い方がきつかったと気づけた。おかげで、よかった。
・ふだんはあまり話さない吉田さんと話せた。おかげで、彼女のことが少しわかった。
・帰りの電車で妊婦さんに席を譲ったら感謝された。おかげで、すごくうれしくなった。
・帰宅後、妻に「朝の言い方きつかった、ごめん」と謝れた。おかげで、仲直りできたし、嫌な気持ちを引きずらないですんだ。しおりちゃん、ごめん、許してくれてありがとう。

というように、よかったことも、悪かったことも、素直に書いてみましょう。

最初は「おかげで」をうまく振りかけられないかもしれませんが、やっているうちに、スムーズにできるようになります。

◎「ありがとう」「うれしい」「よかった」などを付けてみる

「△△した。おかげで○○ができた。ありがとう」

といったように、最後に「ありがとう」や「よかった」「うれしい」など、自分の気持ちを表現してみましょう。

「おかげで○○」に続くものなので、自然にポジティブな感情が湧き出てくると思います。それを素直に書き表すことは〝ポジティブなフォトン〟を強くぶつけることになり、場をその周波数で大きく揺らすことになるのです。

◎過去の出来事が浮かんだら、それも書く

その日の出来事だけでなく、過去のことを書くのもいいことです。

周波数が変わってくると、以前にはこだわり、許せなかったことが、「おかげで」と思えるようになります。

「〇〇さんにいじめられた。でも、おかげで、人の痛みがわかるようになれた。だから、よかった。〇〇さん、ありがとう」

「お母さんにいつも『あんたはダメね』と言われていたせいで、私は自分に自信がもてなかった。でも、おかげで、人より努力ができた。だから、結果的に感謝です」

このように、「せいで」を「おかげで」に昇華できるようになると、あなたの周波数はかなり高くなっていると言えます。

こうやって、あなたの体内の「おかげでフォトン」の数が増えていきます。

慣れてきた方へ

◎あえて「せいで」に「おかげで」を振りかける

ここまできたあなたは、かつて「せいで」と思い、封印してしまっていることにも「おかげで」を振りかけてみましょう。

もちろん、今はまだ昇華できていなくても大丈夫です。でも、**あなたの「せいでフォトン」が減って「おかげでフォトン」が増えていますから、ラスボスと思っていたものも10日前よりラクに感じ、「おかげで」にしやすくなっているはず**です。

次の手順でやってみてください。

①「○○のせいでつらかった」
②でも、○○のおかげで△△になれた
③結局、この体験は私にとって必要だったんだ。ありがとうございます

たとえば、こんな感じです。

①お金がないせいで、私は大学に行けなかった
②でも、お金がないおかげで、自ら経済をつくり出し、自己研鑽《けんさん》を積むことができている
③結局「お金がない」ということは私にとって必要だったんだ。ありがとうございます

あえて③を書くことで、一挙に過去も感謝になり、あなたの全身全霊が感謝フォトンだらけになるので、どんどん人生が運ばれていくようになるのです。

「お幸せでありますように」と祈りを込める

もしも、人に恨まれたり、クレームを受けたりした場合は、どうしたらいいか？

ＳＮＳを利用する人が増え、期せずして、悪口を書かれることが増えてしまいました。本人は、軽い気持ちで書いたとしても、見るほうはショックを受けますよね。

「私は嫌われている」と自分を責めたり、反対に、ムキになって相手を攻撃したり。

その結果、周波数を下げ、パラレルワールドの低いほうに飛び移ってしまうのです。

低いパラレルワールドでは、それに見合った現象が引き起こされます。出会う人も、お金も、仕事も、すべては、その周波数帯で起こることですから。

たとえば、「恨みのHz」のような低い周波数帯にいれば、人に足を引っ張られたり、努力しているのになぜか結果が出なかったり、「○○のせいで」とか「自分はダメなヤツだ」と自他を責めるので、よろしくない現象が引き起こされます。

では、相手に引きずられないためには、どうしたらいいのでしょうか？

私がやっているのは、相手の側に立つことです。

「ああ、それだけ相手も大変なんだな。何かつらいことがあったんだな」と相手を思ってみる。そして「おかげで、自分はさらに成長できる」と捉えるのです。

ご批判のお手紙をいただくこともありますが、その場合は、感謝をお伝えしたうえで、最後は祈りを込めて、こう書きます。

「〇〇様がお幸せでありますように」

すべては、あなたの思い一つで決まる

本章では、出来事をどう捉えるかで、あなたがいる周波数帯が決まる、という話をしてきました。仏教では、これを「一念三千」と言うそうです。

〝三千〟とは「三千世界」のことで、「全宇宙」を表しているとのこと。「自分の一つの想念で全宇宙を見ていますよ」という意味です。

なぜ、自分の思い一つですべてが決まるのか？

それは、全宇宙が「場」（ゼロポイントフィールド）だから。そして、じぶんの一つの想念（フォトン）を場にぶつけると素粒子が生まれ、物質化するから。

すべての物質や現象が、ゼロポイントフィールドから生まれていて、ゼロポイントフィールド側から見たら繋がり合っていて、別個の存在ではないのです。

素粒子レベルで見るとそうなのですが、お釈迦《しゃか》さまは、はるか昔にこの事実を悟っていたようです。仏教用語の「諸法無我」とは、このことを言っています。

「単独で、個別で存在するものは何一つありません。すべて繋がり合っていますよ」と。

いずれにしても、モノもコトも、すべての現象は見えない世界で繋がっています。

あなたが何を思うかによって、それが動いていくのです。

量子力学は、その真理に迫り、お釈迦様は2500年も前にその本質を悟りました。

そして私たちは、実践を通して、ゼロポイントフィールドと繋がり、「愛のHz」の恩恵を受けることができます。

何を思うかによって、あなたはどんな世界にも移り飛ぶことができるし、どんな人にもなれるのです。

第3章のふりかえり――〝実践〟のためのヒント

・**因果応報の〝因〟は、自分の波（周波数）です。**自分が出したフォトンで場を揺らし、〝結果〟を引き起こします。結果を変えたいなら、自分の思考を変えればいいのです。

・**先祖の悪行の報い、などと悲観することはありません。**いちばんの問題は「因果応報」という言葉の呪縛にかかっていること。「先祖は先祖、私は私」と考えましょう。

・**占いは、信じると当たってしまいます。**結果を観測することで、それが現実化してしまうのです。よい占いは信じてもいいですが、悪い占いは自分の〝修正用〟に使いましょう。

・**ずっといいことだけが起こる世界は、可能です。**なのに「本当に大丈夫かな?」とか「調子が良すぎて怖い」「順番的に次は悪いことが起こるだろうな」などと思うから、その不安が現実化してしまうのです。「良いパラレルに入った」と観測すればいいのです。

・**もちろん、悪いことも起こります。でもそれも〝受け取り方次第〟。**たとえば、失敗しても「おかげで成長できた」と思えば、それは「いい出来事」なのです。

・**パラレルワールドは簡単に飛び移れます。**テレビのチャンネルを変えるようなものです。簡単です。あなたが「変えよう」と思えば、すぐに切り替わります。

・**ハッピーなパラレルでも、悲しいことは起こります。**でも、捉え方が変わります。高い周波数帯の世界では、悲しみの中にも〝幸せ〟や〝感謝〟を見つけられるようになります。

・**日々の暮らしの中で「おかげで」を探してみましょう。**これによって、少しずつ周波数帯が変化してきます。よいパラレルワールドに移りやすくなります。

・**悪い出来事にも「おかげで」の周波数を振りかけましょう。**ノートなどに記録をつけるのがベストです。これによって、周波数が右肩上がりになっていきます。

・**パラレルワールドを飛び移ると、過去も変わります。**出来事自体は変わりませんが、印象が変わるのです。嫌だった過去も、ありがたい過去になってきます。

・**相手に悪い周波数を感じたら、同調しないことです。**たとえば、相手の怒りにあなたが応じれば「怒りの周波数」から抜けられなくなります。こんなときは〝受ける〟のではなく、相手の側に立つことです。「怒るのもわかるよ～」と理解の周波数を振りかけるのです。

第4章

「魂」を考える

魂とは、なんなのか？
死後の世界や生まれ変わりはあるのか。
ご先祖さまを大事にすると、なぜよいのか。
魂を磨くには、どうしたらいいのか。
あいまいだった〝魂の存在〟も
素粒子レベルで見ると確信に変わります。
そして、人生が豊かになっていきます。

先祖供養をしているのに浮かばれない、と思うあなたへ

以前、個人事業をされている蓮田さん（仮名）から、次のような質問を受けました。

「仕事が、伸び悩んでいるどころか、ジリ貧です。
先祖から譲り受けた仕事なので、守っていきたいのですが、もはや限界です。
商品はとてもよいので、売り方に問題があるのかもしれません。
正直、私自身が、その売り方に対して拒否反応をもっているのです。
先祖供養は行っているし、仕事だって昔のやり方を守っています。
ご先祖さまの魂に背くようなことはしていないと思うのですが……。
どうしたらいいでしょうか？」

さて、どうしたらいいでしょう？

ここまで読んできたみなさんなら、的確なアドバイスができるかもしれませんね。

私は蓮田さんに、こうお答えしました。


「ご先祖さまを大切にすれば、そのご加護が受けられると思っておられるのですね。でも、実際は、とても苦しい状況だと。

おそらく、ご先祖さまは、あなたを応援したいと思っていることでしょう。供養をしてくれていること、家を守ってくれていることに、感謝もしているでしょう。

ですが、本当に大切なのは、あなたの意識です。

あなたの意識は、フォトンという素粒子です。あなたが意識すると、フォトンが飛び出て場を揺らし、その周波数で現象を引き起こします。

『先祖のやり方を継がないと悪い。つらいけどやらなきゃ』と思っていると、あなたは『申し訳ないHz』や『つらいHz』で揺れるので、申し訳ない現象やつらい現象が起こる。

今のあなたは、そういう状況なのです。

この状況を変えるには、あなたの意識（フォトン）を変え、場の揺れ方（周波数）を変えてみることです。たとえば、『私が私自身を思いっきり生かし、幸せでお役立ち！みんなに喜ばれている！　ご先祖さまもそれを喜んでいる！』というふうに。

すると、あなたは『幸せHz』や『お役立ちHz』で揺れるので、幸せな現象や、人から必要とされる現象が起こります。

ご先祖さまとの関係も、逆の立場になって考えてみたらいいと思います。

仮に、あなたは死んで魂となり、お子さんやお孫さんを見つめています。子や孫が手厚い供養をしてくれていれば感謝もするでしょう。

そのうえで、天国から見ているあなたは、次のどちらが幸せでしょうか？

・子や孫が、苦しみ悩みながら『親（あなた）が残したものを続けなきゃ！』と思っている。

・子や孫が、幸せや喜びのもとで、みんなに喜ばれ、親にも感謝をしている。

答えは、言うまでもありませんよね。現象は、ご先祖さまがコントロールしているわけではなく、あなたの周波数によって引き起こされます。

先祖供養は大切ですが、まずは、あなた自身が真の幸せや喜びを感じ、自分自身を生かしていこうとすることです」

人が死ぬと〝脱結合（デカップリング）〟が起こる？

ご先祖さまとの繋《つな》がりについて話しましたが、そもそも、人は死んだらどうなるのでしょうか？

霊になる。霊魂になる。仏になる。千の風になる。灰になる。土に還《かえ》る……。

さまざまな考え方がありますよね。私はこう考えています。

人は死んだら、肉体は無くなり、魂は残る――。

ドイツの理論生物物理学者フリッツ＝アルバート・ポップ博士は、こう言っています。

「私たちが死ぬとき、『私たちの周波数（＝データ）』と、『私たちの細胞をつくっている物質』とが『脱結合』（デカップリング）する」

どういうことか、少し説明をしますね。

素粒子には、大きく分けると、２タイプがあります。

一つは「物質をつくる素粒子」。一般によく知られるのは「電子」や「クォーク」などです。

もう一つは、「エネルギー的な素粒子」。代表的なのは、何度も話してきた「フォトン」(光子)です。

私たちの意識や感情も、フォトンです。実際には、粒というよりは波のように揺れています。つまり、周波数をもっているのです。

ポップ博士は、次のように言います。

『意識』とは、コヒーレント(共時的)な光(フォトン)である。意識は脳内だけで起きるものではない。体のあらゆる部分(全細胞)で生じる全体現象だ」

ちょっと難しいので、話をわかりやすくしてみますね。

もし、体が電子やクォークなど、「物質をつくる素粒子」だけでできていたら、私たちは単なる物質でしょう。

でも、私たちの体には、フォトンなどの「エネルギー的な素粒子」も含まれています。

素粒子には“物質的”なものと“エネルギー的”なものがある

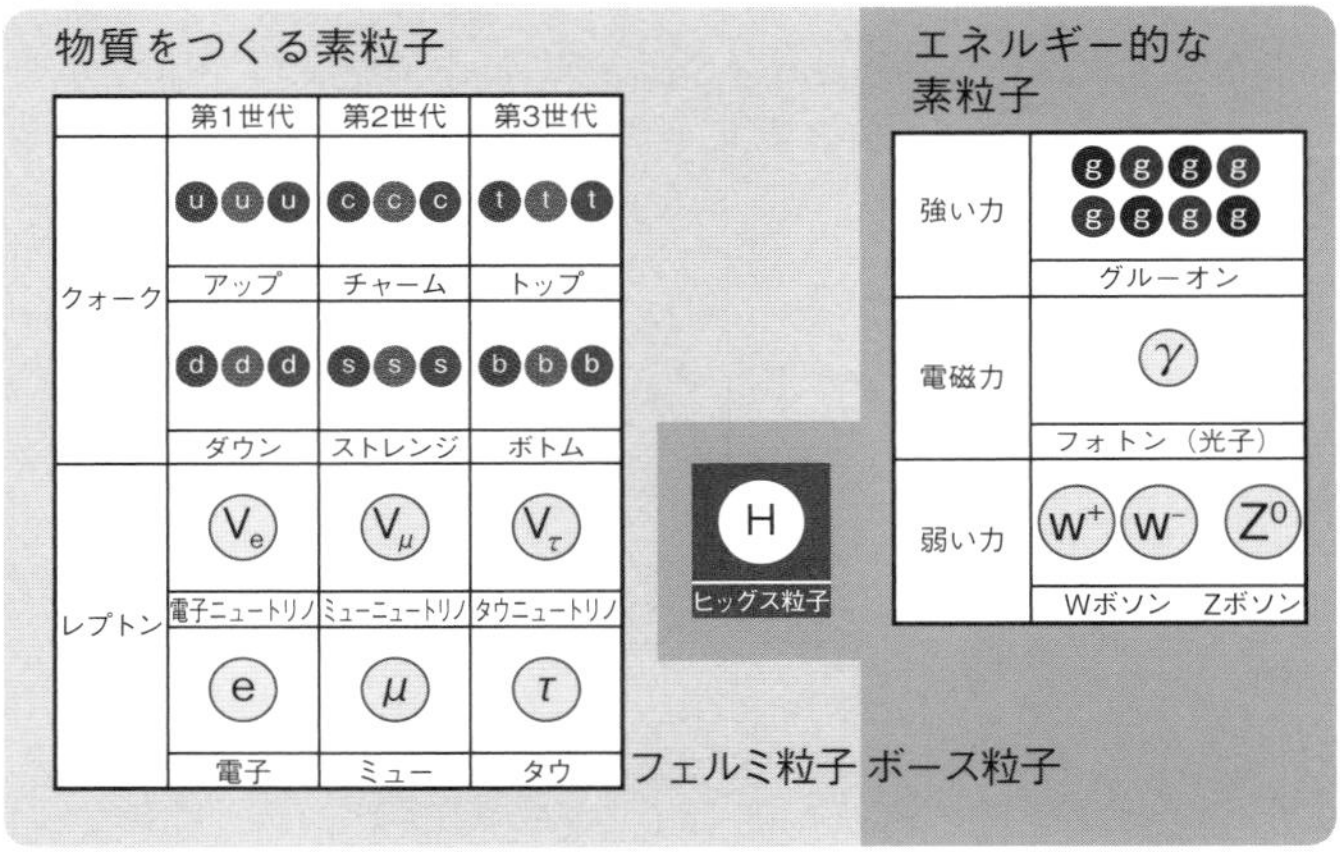

というより、これがなければ〝生体〟にはなり得ません。

ポップ博士は、これを「フォトンは全細胞にあって、体のあらゆる部分から意識（光）を発している」と言っています。

「フォトンが全細胞にある」というのは、理解できますね。素粒子は細胞の大本の「原子」の中にあるものですから、体の隅々にまでフォトンはあります。それが「意識（光）を発する」という表現は、ちょっとわかりにくいかもしれません。

私たちの体の中では、この瞬間も、細胞が勝手に働いていています。たとえば、新陳代謝もするし、血管内に血液も流すし、細胞分裂もしています。

このような生命活動があるからこそ、私たちは生きていられるわけです。

魂は、オーケストラの指揮者みたいなもの

体は、誰に命じられたわけでもないのに、なぜ生きていられるのか？

それは、フォトンがあるからだと言えます。

もう少しだけ詳しく言うと、「バイオフォトン」という〝電磁情報〟の下で、それぞれの細胞が働いていています。ポップ博士は、このことを「体のあらゆる部分から意識（光）を発している」と表現しているわけです。

つまり、私たちは「物質の素粒子」と「エネルギーの素粒子」とが組み合わさったものであり、肉体に〝生命の輝き〟をもたらしているのは、目に見えないフォトンのエネルギーがあるからこそなのです。


では、全身から発するフォトンの電磁情報を束ねているのは何か？

それぞれのフォトンがバラバラに働いていては、体はうまく機能しませんよね。心臓や

肺、胃腸などの内臓、血液、皮膚など、全身の細胞（原子）が、見事に連携を取り合いながら働いています。

こうした働きを、オーケストレイティング（Orchestrating）と伝えている方もいますが、まさにオーケストラで各楽器が音を響かせ合うように、調和しています。

オーケストラは、指揮者がいて調和ができるのですが、体の場合は、どうなのか？

その役割を担うのが「魂」ということになります。


以下は私の仮説です。

同じ周波数の下で、各細胞（原子）は調和している。それを束ねているのが「魂」。つまりは「周波数の合計」であり、それを司《つかさど》る存在が魂なのではないか、と。

ご遺体を考えると、そのことを実感できるのではないかと思います。

肉体は、心臓が止まった瞬間に、まるで別物のように輝きを失いますよね。生物学的には、血流が止まり、細胞が活動を停止したからですが、〝何か〟が抜けた、というふうに感じませんか。

このとき、抜け出た〝何か〟こそが魂だと思うのです。

量子力学的に言えば、それが「フォトン」ということになります。

フォトンは、エネルギーであり、周波数をもった存在です。

電波を受信するとテレビ番組が見られるのと同じように、その周波数は情報（データ）をもっています。

ポップ博士が言うように、人が死ぬと「私たちの周波数（＝データ）」は、「私たちをつくっている物質」から脱結合（デカップリング）していく。この〝抜け出た周波数〟が、魂というわけです。

魂に寿命はなく、あなたは死んでもずっと存在する

抜け出た魂は、周波数（データ）をもったまま、空間に残ります。

あなたのご先祖さまの魂も、歴史上の偉人たちの魂も、すべての魂が、この空間上に残

っています。徳川家康の魂もあるし、空海の魂もあります。亡くなってしまって悲しいけれど、あなたのおじいさんやおばあさんの魂も残っています。

それが存在しているのが、ゼロポイントフィールドです。

ゼロポイントフィールドは特定の場所ではなく、どこにでもあるのでしたね。目の前の空間にもあるし、お墓にもある。それこそ、あなたの体の中にもあります。

スマホやパソコンの情報を、クラウドに保存するようなもの、と考えるとわかりやすいかもしれません。物体があるわけではなく、それぞれ固有の周波数をもちながら、電磁情報として存在しているのです。

いつまで残るかといえば、それは永遠です。素粒子の寿命から、そう言えるのです。

素粒子には、それぞれ寿命があります。前著でも書きましたが、もう一度、確認しましょう。

たとえば、μ（ミュー）という素粒子の寿命は「2・2×10^{-6}秒＝2・2マイクロ秒」。0.0000022秒ですから、生まれた瞬間に死んでしまいます。τ（タウ）という素粒子はもっと短命で、「2・9×10^{-13}秒」。わずか0.00000000000029秒です。

いっぽうで、電子の寿命は長く「6・4×10^{26}年」。6400000000000000000000000000年。

地球の歴史は46億年ですから、それよりもはるかに長いですね。

そして、最も長いのがフォトンです。その寿命は、「ないとされている」。

つまり、永遠に存在し続けるというわけです。

ということは、フォトンでできている魂も、永遠に生きることになります。

仮に、あなたが亡くなった後も、あなたの魂は、永遠に残り続けるのです。

供養とは、抜け出た魂の周波数を上げるためのもの

空間に残った魂はどうなるか？

成長する！　というのが、私の考えです。科学的な根拠があるわけではなく、これはあくまでも私の主観なのですが。

魂はフォトンであり、固有の周波数をもつ電磁情報です。人が亡くなるとデカップリン

グ（脱結合）して、空間へ移行します。

「魂を磨く」とか「魂レベルが高い」なんて表現がありますよね？　それは魂の周波数が高くなるということですが、亡くなって抜け出た魂は、モワモワの波です。残された家族やお坊さんたちの供養を通して、高い振動数の波をかけることで、亡くなった方のモワモワも振動数が高まっていきます。

また、残された家族が日々仲良く幸せで、喜びにあふれて過ごすと、「幸せ」「調和」「悦《よろこ》び」のフォトンを出します。亡くなった方もそのフォトンをもらい、魂の周波数がどんどん上がっていきます。

「残された家族が仲良く暮らすことがいちばんの供養です」とよく言われるのは、そういう仕組みがあるのです。

ご先祖さまの魂と、どのように付き合ったらいいのか？

空間に残った魂は、その後どうなるのでしょうか?

答えはズバリ!「そのまま残る」です。でも、より的確に表現すると、こうなります。

「そのまま残る。だけど、ときどき利用される!」と。

え、どういうこと?

順を追って説明します。

魂の正体は、フォトンでしたね。固有の周波数をもつ情報です。

つまり、波のような状態で空間に存在しています。

もちろん、目には見えません。

これも、スマホやパソコンをイメージするとわかりやすいと思います。

たとえば、YouTubeの動画データは、それぞれにURLがつけられ、サーバーに保存されています。見たい動画にアクセスすれば、そのURLと繋がって視聴することができます。

魂も、同じような仕組みと考えると、わかりやすいと思います。空間(ゼロポイントフィールド)に残った魂は、誰かが必要とすれば、その都度繋がることができるのです。

たとえば、あなたのおばあちゃんの魂を例にしてみましょう。

●亡くなった方の魂データのイメージ●

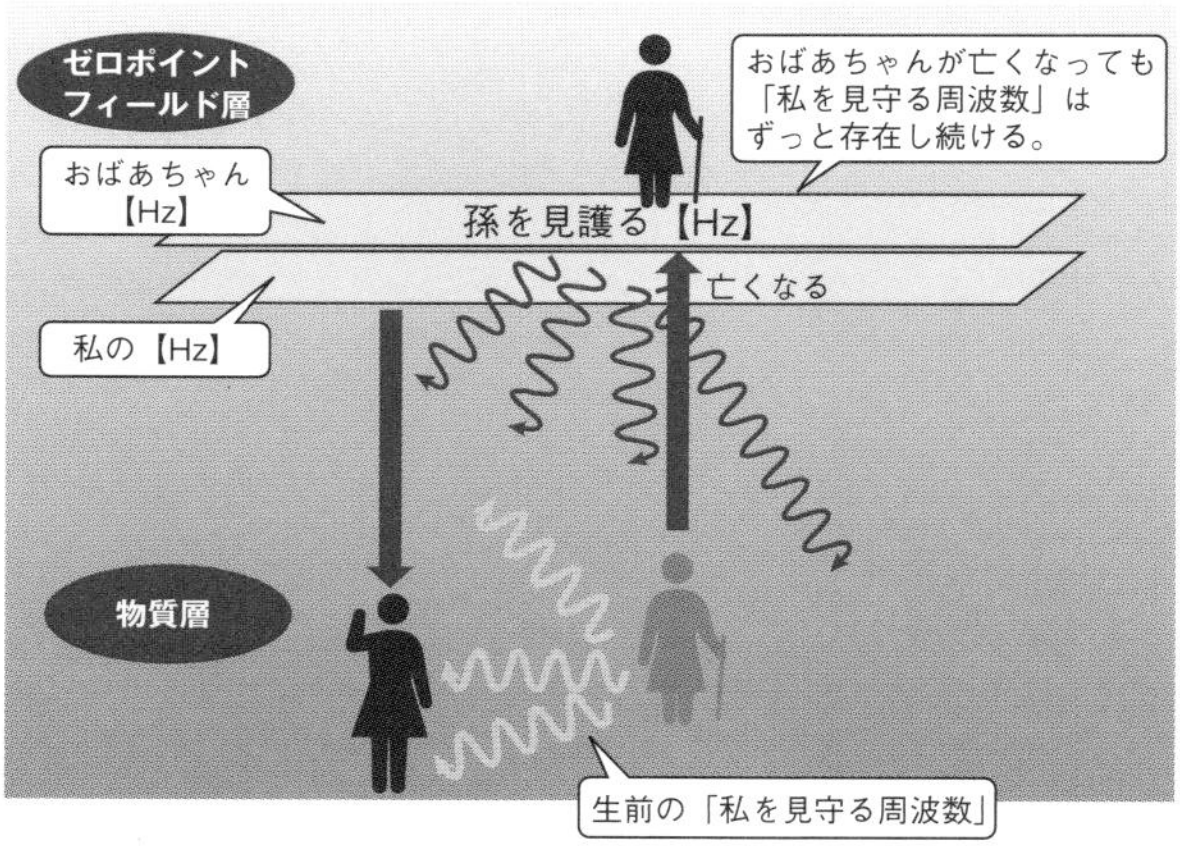

おばあちゃんの魂は、ゼロポイントフィールドに保存されています。命日は3月25日なので、この日はあちこちで、魂にアクセスがあります。あなたも仏壇に手を合わせるし、他の親戚たちも手を合わせます。お墓の前に行き、手を合わせる人もいるでしょう。

「おばあちゃんはあの世で、さぞかし忙しいのでは？」と、心配することはありません。

なぜなら、魂はデータだからです。YouTubeの動画データは、全国の何万人が同時にアクセスしても視聴できますね。それと同じです。

ただし、YouTubeと違う点もあります。

それは、アクセスする側の周波数によって、共有するデータが変わることです。

たとえば、あなたが穏やかな気持ちで「おばあちゃん、いつもありがとうね」と、手を合わせれば、優しく微笑《ほほえ》んだおばあちゃんが出現します。

反対に、親戚の誰かが「おばあちゃんって、意地悪だったよね」と悪口を言いながら思い出せば、意地悪なおばあちゃんが出現します。

おばあちゃんは、どこでも、いつでも現れますが（繋がれますが）、その人の意識によって、現れ方は違うのです。

せっかくなら、優しいおばあちゃんの魂に見守ってほしいと思いませんか？

もしそう願うなら、あなた自身が、その意識でアクセスすることです。

すると、おばあちゃんもうれしくて、あなたの波がよく響くよう、サポートしてくれるのだと思います。


ご先祖さまを始め、亡くなった方を敬い、供養を続けると、意外なところから助けが来たり、新たな縁が繋がれたり、とんとん拍子に事が運んだりします。

とても不思議ですが、実際にそういうことが起こるのです。

〝無宗教〟と言われるわりに、日本人が先祖供養を重視するのは、魂の存在と、その恩恵を、肌で感じているからなのかもしれません。

〝生まれ変わり〟の仕組みと目的

〝生まれ変わり〟にも魂が関係していると思いますか？

前にも少し触れましたが、セミナーや講演会などでも、みなさんとても興味をもたれ、質問も多いテーマなので、改めてお話ししますね。

たとえば、１万Hz同士の男女が結ばれ、受精してお腹《なか》の中に赤ちゃんを授かると、この周波数と同じデータ元にある魂データが引き寄せられる――。

端的に言うと、これが〝生まれ変わり〟の仕組みです。

そして、ここからは仮説なのですが、魂の側も、ただ単に、周波数に同調して引き寄せられるわけでなく、なんらかの〝目的〟のようなものをもっているのではないか。

その目的については、いろいろなことが言われます。

「人間界を楽しむため」「地球を冒険するため」とか「魂の成長のため」「前世でのやり残

しを達成するため」、さらには「パパとママが仲良くするため」と言う人もいました。目的は、その魂によって違うのでしょう。でも、なんらかの目的をもち、たまたま同じ周波数の両親がいたとき、めでたく〝魂のデータ〟はダウンロードされるわけです。

ここで魂は、新たな人生をスタートさせます。

みなさんが想像している〝生まれ変わり〟とちょっと違うのは、魂そのものが赤ちゃんに入るのではなく〝魂のデータ〟が入るということかもしれません。

おそらく多くの人は、魂は火の玉みたいなカタチをしていて、それがヒュルルル～ッと胎児の体に入ってくるようなイメージをもっているでしょう。

でも、魂はフォトンですから、姿カタチはありません。電磁情報なので、それがダウンロードされるだけ。というより「胎児がデータを受信する」という表現のほうが的確かもしれません。

なぜ、胎児にそんなことができるの？　という質問も多くいただきますが、それは〝宇宙の仕組み〟とか〝ゼロポイントフィールドの意志〟としか答えようがありません。

つまり、現段階では、わかっていないのです。

いずれにしても、赤ちゃんは、魂（データ）を受信して〝人格〟をもちます。スマホやパソコンにたとえるなら「初期設定が完了」の段階ですね。

あなたにも、このようなピカピカの時期がありました。ほとんどの人は忘れていますが、「私の魂もこんなふうにスタートしたんだ」と再認識するだけでも、純真な思いで人生を進めるのではないかと思います。

私たちは魂のデータを〝ダウンロード〟している

〝生まれ変わり〟という言葉は、魂の側からの言葉ですよね。「魂が新しい肉体に宿って生まれ変わる」ことを言っています。

でも、私はちょっと違和感をもっていました。子どもの頃から「生まれ変わり」の話などは親から聞いていましたし、信じてもいましたが、大きな疑問点があったからです。

それは「私は○○の生まれ変わりだ」と称する人が何人もいることです。

たとえば「私は坂本龍馬の生まれ変わりだ」とか「モーツァルトの生まれ変わりだ」などと語る人がいます。それが一人なら納得もできますが、複数人いると「ん？　どういうこと？」となりますよね。「龍馬さんの魂はいくつもあるの？　分霊でもしたの？」と疑問をもってしまいます。

あるいは、こんなふうにも思いました。

「龍馬さんの魂がAさんに入り、もしAさんが死んだら、その魂は、誰の魂ということになるのだろう？　龍馬さんの魂？　それともAさんの魂？　龍馬さんの魂はなくなっちゃうわけ？」

子どものとき、おじいちゃんのお墓参りに行って、こんな疑問をもったこともあります。

「ん？　さっき仏壇でお参りしたよね。今はお墓でお参りしてる。叔母さんは今日来られないというので、家でお参りしている。おじいちゃんの魂って、いくつあるの？」

さて、どうなのでしょう？

私はずっとそんな疑問をもってきたので、「生まれ変わり」は信じていても、違和感は払拭できずにいました。

ところが、量子力学を学び、その謎も一気に解決できたのです。

「魂がフォトンだとしたら？　電磁情報なので、魂の情報はいつでもどこでも取り込める。これなら〝龍馬さんの生まれ変わり〟という人が何人いても不思議ではない。それに、あっちとこっちで違う人から同時にお参りされても、魂はどちらにも同時に存在できる」

魂がフォトンと仮定することで、これまでの謎がスッキリ解消できたわけです。

生まれ変わりというのは、実際には〝魂データの取り込み〟であり、それが「生まれ変わりのように見える」ということだったのです。

〝魂データの取り込み〟と考えると、さらにいろいろな不思議現象が説明できます。

たとえば、「前世の記憶をもつ人」というのもそうです。

ゼロポイントフィールドに残っている魂と繋がって、前世のデータを読み取ったと考えることができます。

2歳くらいの小さな子が前世の話をした、という事例もよく耳にしますね。

なぜ、大人より子どものほうが、前世の記憶を語ることが多いのか？

これについては、次のような仮説が成り立ちます。

まだ幼い子は物質生活に馴染《なじ》みが浅いため、周波数が生まれたときと変わっていない。

つまり、元々の魂の周波数と同じだから、同調しやすいのではないか、と。

〝臨死体験〟の「抜け出る」「戻る」という感覚

臨死体験についても考えてみましょうか。

開華のトレーナーさんの中には、臨死体験をされたという方が何人かいます。

小西智子さん（通称・トモちゃん）もその一人です。そのときの体験を、トモちゃんご自身に話してもらいます。

「私は、４歳のときに自動車事故で瀕死《ひんし》の状態になりました。そのとき、きれいなお花畑に行きました。とても気持ちよくて楽しくて、そこには神さまと綿のような中に包まれた天使さんもいて、『トモちゃんどうしたの？　何しにここに来たんだい？』と神さまから話しかけられ、私は『遊びに来たんだ』と答えましたが、その場所があまりにも居心地よく、暖かく、帰りたくないなぁと思っていたことを今でも鮮明に覚えています。

そこで遊んでいたら、目の前に橋が現れます。私は渡ろうとしましたが、そのとき神さまが『トモちゃんは光になって戻るよ』と言い、その瞬間、どこからか『トモちゃん！トモちゃん！』という声が聞こえたのです。すると、急に眩《まぶ》しくなり、私は光の玉となり、この世に戻ってきました。目を開けた瞬間、お父さんのニコッと笑った顔は今でも忘れられません。

その後、両親からは『あなたは生かされたのよ』と言われ続けてきました。でも、当初は『生かされた』ということを理解できず、生きることへのプレッシャーをもちながら大人になったのです。日常生活においても、臨死のときに行った世界を、行ったり来たりしてしまう瞬間が何度もありました。

そんな中で開華に出会い、学びを通して『なんのために地球に生まれてきましたか？』

ということを真剣に考えてみたのです。そして『私のこの命は、自分のために今生きてるのではなく、人様のお役に立つために生かされているんだ』と確信しました。
『死』は怖いものではなく、肉体はなくなっても魂は生き続けます。あちらの世界（あの世？）に行ったとき、どこからか声が聞こえたのは、魂に響いたからなのだと思います。そして今となり、両親の言葉を理解することができました。
臨死体験を通して学んだのは『人生何が起きるか本当にわからない』ということです。でもあの世は必ずあります。だからこそ『今、この瞬間を大切に、感謝をしながら生きること』。そこに尽きると思います。その感謝の響きが自身の魂の輝きとなり、亡くなった後も、光（魂）としてあの世で生き続けられるのだと思うのです」

矢野未友木《やのみゆき》さん（通称・みゆちゃん）も臨死体験をした一人です。みゆちゃんにも、自身の体験を話してもらいましょう。

「私は、風邪で抗生剤を点滴されました。パッチテストをしたにもかかわらず、帰宅後、アナフィラキシーショックを起こし、意識をなくしました。そのとき、まばゆいくらいの美しい光の空間を見ました。そして〝大いなる存在〟と確信する方と、対話をしたのです。実際に話すわけではなく、意識での対話でした。

『子どもがいるからまだ行けません』『障がいのある子がいます。私が育て上げないといけません』と、私は伝えました。

でも、次の世界へ行かないといけないことがわかるのです。そして、意識が向こうの世界へ行きかけた瞬間、私のおへその奥から力強い言葉があふれてきて、叫んだのです。

『障がいのある人の、まだやらないといけないことがあるから、私はまだ行けません！』

『えっ何を言うの？』と驚く私と、『やっぱり』と思う私の両方がいました。その瞬間、私はまるでハグされるように温かい至福な光に包まれて、地球に戻ったのです。

体に戻ると、私は42度の高熱でした。目覚めた後、医師からは『本当に命が危なかった』と言われました。

それからの人生は与えられた時間だと思っています。死にかけて、『障がいや病気があると生きづらい日本に、まだ幼い娘を置いて死ねない』と思いました。

さらに、『すべての人に大切な心があることを伝えたい』という願いがあふれてきました。

その後、車いすの長女と二人で、楽しく心のバリアフリーが学べる日本で初めての心育てのキット（車いすの工作キット）を開発し、その活動が１２０の団体から選ばれ、新聞社の福祉文化賞大賞受賞。さらに、この工作キットを、生前のマイケル・ジャクソンさんに手渡しできた奇跡。愛あふれるマイケルさんの真の姿に触れさせていただきました。

さらに思いあふれて、大ホールを借り切ってのバリアフリーコンサートを親子で主催。並行して、車いすの娘を育てながら、40代に社会人入試で看護学校へ。在学中に書いた作文が全国看護学生作文コンクールで最優秀賞に（１２００人の中から）。

つらい状況のときは『未来、みなさんのお役に立てる私へと道をつけてください』と謙虚に祈りました。

正看護師資格取得後は、心のサポートを願い、精神科のナースに。その後は、作文に書いたとおり、訪問看護師になりました。たくさんの方の愛に支えていただき、今があります。いちばんの恩恵は、娘の夢を看護師としてサポートできたことです。

全介助ですが、娘も小学生からの夢を叶《かな》えて一人暮らしチャレンジ5年目です」

魂は肉体側とZPF側を行ったり来たりしている!?

素粒子的に、こうした現象を少し考えてみましょう。

ポップ博士は次のように言っています。

「意識は光であり、それは脳内だけではなく、体の全細胞で生じる全体現象だ」と。

私たちの全身を素粒子レベルで見ると、「〝モワモワの雲〟の中を〝意識の光〟が飛び交っている状態」です。魂は、その光の総合計であり、それを束ねる司令塔のような存在だと考えられます。

その「魂の光」＝「フォトン」は体の中にもあるし、ゼロポイントフィールドにもあるし、他の魂とも交流します。

ポップ博士が「死ぬとデカップリングする（抜け出る）」と言っているように、臨死体験はこの狭間《はざま》にあり、魂が肉体側とゼロポイントフィールド側を行ったり来たりしている状態だと考えられるのです。

アインシュタインも「物質には永続性はないが、エネルギーにはある。エネルギーと結びついた物質が、宇宙の実態だ」(『アインシュタイン、神を語る』ウィリアム・ヘルマンス/工作舎)と伝えています。

「肉体はいつか滅びるが、ゼロポイントフィールド側から来ているエネルギーは滅びない。そのエネルギーをもらい受けて肉体がある、というのが宇宙の本当の姿だ」とも読めると思います。

そして、前述の臨死体験者の方々のご意見では、「そのエネルギー側はものすごい愛に満たされている」ということでした。

このように「そこが本体だ」と知っていると安心できますよね。

「低周波数」が残ったままでいるのが〝幽霊〟だった？

前述のような、臨死体験の方々はほかにもいらっしゃいますが、話をまとめると、「喜怒哀楽」の感情は「肉体」に残り、「魂」として抜けると「私は私」というものだけが残り、ただただ恍惚《こうこつ》感、何がなくとも悦びあふれる状態、という感じがします。

「喜怒哀楽」のほうの「喜び」は、「何かしてもらったから喜ぶ」というもので、「魂側」のほうの「悦び」は、「何がなくともただただ悦ぶ」という恍惚感のようです。


生きている間の喜怒哀楽のうち、「怒り」や「許さない」「恨み」などの感情は、フォトン振動数が低く、その人がいた場所に残りやすいと考えられます。その人が亡くなったときに、魂としては恍惚感の側、すなわちゼロポイントフィールドに戻るのですが、その人がいた場の近辺には、低い振動数の感情のフォトンが残ってしまうのです。これが、いわゆる「地縛霊」と言われてしまうようなものです。

たとえば、「この土地はいろんなテナントが入るけどいつも半年くらいで撤退する、不浄の土地」とか「幽霊がいるらしい」という場所がありますよね。それは、なんのことはない、「許さないフォトン」「恨みフォトン」がたくさん溜《た》まっている場所です。

「え、幽霊? 怖い!」と思ってしまいますが、それらは中学や高校の頃、「親のことを許さない!」とか、「別れたダンナのことを許さない!」という、生きている私たちが出しているものとなんら変わりありません。そのフォトンがどんどん溜まっているだけなのです。「幽霊に取り憑《つ》かれる」＝「自分がもっている許さないフォトンを出し、引き寄せを起こしている」だけのことです。

ですから、いくら除霊してもらっても、日頃、家族のことを許さないと思っている限り、亡くなった方や生きている人が残している「許さないフォトン」と共振することになりますし、エネルギーが低いので「体が重くなる」ということを感じてしまうのです。

こうした現象を変えるには、お金をかけて除霊してもらわなくても、自分が日頃発振しているフォトンを「おかげで」「ありがとう」「愛しているよ」などにすればいいのです。

もしもそういう不浄の土地を通り過ぎるときとか、なんか気持ち悪いな、ゾクッとするな、と感じるときは、「大丈夫ですよ」と言ってあげましょう。

「そもそもあなたたちは、ゼロポイント側ですからね。そもそも素晴らしいんですよ〜」

そんなふうに祈りを飛ばしてあげるとさらにいいです。

祈りのフォトンを場にぶつけることで、振動数が上がってゼロポイントフィールド側に溶けていくイメージです。

これが「成仏」＝「仏に成る」ということです。

反対に、あなたが「怖い」とか「気味が悪い」と思うと、恐怖のフォトンをぶつけることになるので、周波数は低いまま濃くなってしまう。すると、その場はいつまでも上昇できない。これでは可哀《かわい》そうですし、そこに同調者もどんどん集まってきてしまいます。

横断歩道に花束が置いてあるときなど、「ウワッ！」とか、見なかったことなどにしてしまいがちです。でも「ウワッ！ 嫌だな！」と思うと、そのフォトンをその場所に送ってしまうので、悪化してしまいます。

そこに気づいたら、「そもそもあなたはゼロポイントフィールド側の振動数高い存在ですよ」という思いを抱きながら、太陽のような眩しい光が、その花束のところから立ち昇っていくような映像をイメージして、観測してあげてくださいね。

そうした観測で、その場の振動数がどんどん上がっていきますよ。

「三つ子の魂百まで」は、周波数の揺れが濃くなっていくこと

魂といえば、「三つ子の魂百まで」という諺《ことわざ》もありますよね。

子どもの頃（3歳＝三つ子）に得た性質は、年をとっても（１００歳になっても）変わらない、というものです。

素粒子レベルで見ると、どうなのでしょうか？

私たちはお腹の中で、親と同じ周波数の〟魂のデータ〟を受け取り、生まれてきます。

つまり、魂の初期値は、親の周波数と近しいと考えられます。

親と同じ揺れ方をしますから、お父さんとお母さんのことが大好きですし、なんでもかんでも真似《まね》をします。そうやって育っていくわけですね。

意識や考え方、観測の仕方も似てくるので、引き寄せる現象も自然と似てきます。親の揺らしている波の環境にいるので、「それが世の中だ」と思うようになってきます。

だから、どんどんその周波数が濃くなっていってしまう。

その結果、「三つ子の魂」が「百まで続く」ということが起こるのです。

でも、それで魂が本当に満足しているかというと、そうとは限りません。

ちょっと前にした私の話を思い出してみてください。

「魂はなんらかの〝目的〟をもっていて、同じ周波数をもつ両親と同調して、そこに降りてくる」のです。

しかし、そんな目的など、この世に誕生し、親に躾《しつ》けられ、価値観を共有し、社会の常識に縛られているうちに、すっかり忘れてしまいます。

忘れるというよりは、いろいろなことを覚えていくうちに、深層に〝埋もれてしまう〟といった感じでしょうか。

ところが、あるとき、それがムクムクと出てきます。

たとえば、職業の選択です。「三つ子の魂百まで」を超えた例と捉えられます。

「あなたは長男だから、家業を継いで酒蔵の主《あるじ》になるのよ」と言われ、反発します。

「嫌じゃ、わしは、自分の好きなことがしたい。植物学者になりたいんじゃ」と。

朝の連続テレビ小説『らんまん』の主人公が、まさにそういう例でしたね。天才的な頭脳をもっているのに、周りと馴染めず、小学校を中退。独自の道を切り開いて「日本の植物学の父」と呼ばれるまでになった人です。

学歴もなく、所属先もないので、経済的には苦労しますが、それでも「植物が好き」という一心で研究を続けます。

おそらく、これが彼の「魂の目的」だったのです。それを封印することなく、素直に従ったからこそ、能力を存分に発揮できたのでしょう。

周囲との軋轢《あつれき》や経済的な困窮があっても、最終的に天がその才能を生かしてくれた。それは、彼が「魂の目的」、つまりはゼロポイントフィールド側からもらい受けている意識のままで動いたからだと思うのです。

ゼロポイントフィールド側が「愛のHz」で彼を生かしてくれたのです（これはドラマの主人公の話であり、その実在モデル・牧野富太郎博士の話ではありません）。

あなたの〝魂の目的〟を知って高めていこう

さて、あなたはどうでしょう？

ゼロポイントフィールドは、すべてを温かく受け入れ、すべてを生かそうとする「愛の周波数帯」です。最も高い周波数でしたね。

ゼロポイントフィールド側に立つことで「愛の周波数」に触れ、その揺れを受け、あなたの周波数は上がっていきます。

では、どうやって、ゼロポイントフィールド側に立ったらいいのか？

前に話した「自分ほめ」や「おかげで日記」は、その手段の一つです。

ほかには、「愛だったらどうするか？」と考えて行動することも大事です（これは次章で詳しく話します）。

また、「魂の目的」を思い出し、それを大切にしてみることも、とてもよい方法だと思います。

ここでは「魂の目的」を、どうやって思い出したらいいのか、お話ししましょう。

それは「好き」とか「居心地がいい」「心の底から湧き上がる」「ワクワクする」「楽しみでゾクゾクする」などの感情を封印しないことです。

「何か違う」と違和感をもつなら、それは魂に反しているのかもしれません。

私は大学を出て、父の会社に入りました。本当は「地球を平和にしたい」という魂の声が聞こえていたのに「自分は父の会社に入らねばならないのだ」と打ち消していたのです。その結果、仕事も職場の人間関係もうまくいかず、最愛の妻との間もぎくしゃくして、うつ病にもなりました。魂の声を封印し、「父親のような人間にならなくてはならない」という頭の声で抑えつけていました。

でも、そんな私を救ってくれたのも妻だったのです。結婚当初から「大ちゃんはどうしたいの？　本当に今のお仕事がしたいの？　大ちゃんは、お父さんとは違うんだよ。本来の大ちゃんのまんまで、心からやりたいことをしたほうがいいよ。私は応援するから」と言ってくれていたのです。

「オレは何をしたいのか？」と真剣に自分と向き合い、心の底から湧くように出てきたのが「教えることが好き」という思いでした。その思いが強くなってきたタイミングでさまざまなことが起こり、私自身の気づきも大きくなってきたときに、父が会社を閉鎖するという形となり、学習塾を開くことになったのです。

そうなれば、まさに水を得た魚。毎日が楽しくて仕方ありません。生きているという実感がありました。「あれをしよう、もっとこうしたい」という思いがあふれてきて、体が勝手に動くのです。

あれから10年。楽しいことしかありません。

それは観測の仕方なのかもしれませんが、何もかもが学びであり、行動のすべてが世界平和に繋がっていくと実感できる。それが本当に幸せなのです。YouTubeを毎日アップするのも楽しんでいるので、まったく苦になりません。

ゼロポイントフィールド側に立ち、「愛・感謝・お役立ち」を意識しているためか、あちこちで素晴らしいご縁をいただいたり、よい方向に導かれたりするのも実感しています。

たとえるなら、物質界は雷雲の中を飛行するような感じですが、ゼロポイントフィールド側は雷雲や雨雲を下に見ながら、そして太陽の光で輝いている雲の上面の美しさに感動しながら、はるか上空を無抵抗でスーッと飛行している感じです。

「愛・感謝・お役立ち」である空気の中を、燃費のいい状態で飛んでいる飛行機。そのような意識の置き場があるのです。

「自分ほめ」「おかげで日記」「愛・感謝・お役立ちで考える」「魂の目的に気づく」「ご先

祖さまへの感謝・供養」「見える側・見えない側すべての存在を敬う」「お風呂で『ありがとう』の声を響かせる」「毎朝の写経」「毎日の祈り」……今の私にとっては、どれも欠かせない習慣です。

何がよいとかではなく、すべてが高い周波数でいさせてくれるのだと思っています。これらの私の習慣については「実践術のまとめ」として、次章でお話しします。みなさんも、できることから試してみてほしいと思います。

大切な人を亡くし、悲しみの淵に立つ方へ

本章の最後に、少し言葉にしにくいお話をします。

じつは、この項目については迷いに迷いました。編集者さんも同じお気持ちでした。でも、こう言ってくださったのです。

「読者からいらぬ誤解をされるかもしれませんが、村松さんの心を一生懸命に伝えましょ

う。何も書かなければ何も伝わりませんが、言葉に表せば何かが伝わるかもしれません。真心が響くといいですね」

誠心誠意、お話しいたします。

世の中には、望まないカタチで死を迎える方が大勢いらっしゃいます。もとより、死は誰にとっても悲しいものですので、「好ましい死」や「よい死」というのは多くの人にとってないのではないかと思います。

亡くなる方には、死ぬとどうなるかという恐れがあり、死に際の痛みや苦しみへの不安もあります。何より、残された人がどうなるかと、心残りがあると思います。

「命はいつか終わる、これは絶対だ」ということはわかっていても、受け入れがたいものでしょう。

そんな中、残された方が居たたまれず、胸をかきむしりたくなるような死というものがあります。それを素粒子的にどう解釈するのか、というお話をさせていただきます。

事件や事故による死は、ご遺族にとって本当におつらいと思います。

「なぜうちの子が」「どうしてあのとき」「もっとこうしておけば」と、答えの出ない疑問に苦しみます。

「あと5分早く家を出ていたら」「いつも真面目に生きていたあの子がなぜ犠牲になったのか」などと、自分を責めてしまうかもしれません。

罪を犯した相手や、事故の原因に対する怒りや憎しみも、さらに自分の心を傷つけることになります。だから余計に苦しくなる。


素粒子的には、悲しみや怒り、憎しみや批判のフォトンの周波数で全身が揺れている状態です。場の揺れそのものを抑えることはできません。人間は生身ゆえ、いろいろと感じてしまいます。

しかし、揺れ方を変えることはできます。周波数を上げることもできます。

「なぜあの子が」「あの事故のせいで」と揺れ続ければ、そのフォトンの粒がますます濃くなります。その周波数帯に留《とど》まれば、悲しみや憎しみや批判の現象を引き起こしながら生きてしまいます。

この本では、「せいで」に「おかげで」を振りかけると、周波数が変わるとお話ししてきました。そうは言っても、悲しみの淵《ふち》に立つ方は、とてもそんな気になれないのではないかと思います。

素粒子的にはどう見ればいいのでしょう？

亡くなった人の魂も存在しメッセージを送り続けている

先ほど、「魂は生き続けている」「フォトンの寿命はないとされている」とお話ししました。私の中でも、身内の事故死、赤ちゃんが生まれなかったこと、などを通して見えない側からのメッセージを感じていることがあります。

素粒子側ではどうなっているか？

私がイメージしていることは以下のような感じです。

湖面に、長さの違うボートが何艘《そう》か浮かんでいます。こちらのボートがチャポン、と揺れると、周りのボートもその波を受けて揺れています。別のボートがドポン！　と揺れると、他のボートもその波をもらって揺れています。

「ボート」は「肉体」。「水」は「魂の周波数」です。

「水」は「過去・現在・未来」の全部を含んでいます。「ボートの長さ」は「肉体の中に魂が入っている年数＝寿命」です。

ボートはいつかなくなるけれど、波はずっと存在し続けています。そして、あなたのボートは、魂の波（周波数）を受けて、いつも揺れ続けています。

あなたのボートを揺らす魂の波（周波数）には、亡くなった方の波も、ご先祖さまの波もあります。さらには、未来のあなたのお子さんになるかもしれない波も、あなたが影響を与えたり、影響を受けたりする人の波もあります。そうした、いろいろな波によって、あなたが今世にもらった肉体であるボートは影響を受け、揺れているのです。そして、あなたのボートの揺れが、湖面を揺らします。

あなたが「悲しい。なんてひどいことを」と思い続けると、湖面を「ひどい！」と揺らし続けてしまいます。

でも「私はその人の分も生き続けて、生かされていることに感謝を響かせ、周りに愛を響かせていくわ」「私は私を生かします」と揺らすと、「愛と感謝の波」「〝自分を生かす〟という波」を揺らし続けます。それが、亡くなった方も存在している湖面を揺らします。

そう捉えてみたとき、亡くなった方も「まぁホントよかった。日々感謝で、元気に自分を生かしているね」と感じてくださっていることと思います。

アインシュタインが「物質には永続性はないが、エネルギーにはある」と伝えているように、ボートはいつかなくなります。つまり、肉体はなくなります。それは3か月かもしれませんし、35年かもしれません。90年かもしれません。

その期間、あなたのボートは、肉体をなくして波となった魂と共にあります。魂は、波によってメッセージを送り続け、あなたのボートを揺らしています。「愛・感謝」を響かせようとしています。

あなたの人生は、「愛・感謝」の響きを受けて、安心感を得て進んでいくのだと思います。実際、私は事故死された存在や赤ちゃんから、祖父母から、いろいろと教えてもらっているような感じを受けています。もちろん、私の中で悲しみがゼロになるわけではまったくありませんが、安心感を得ています。

あなたを大切に思う存在は、常に「大切に思う愛の波」を送り続けていますよ。

第4章のふりかえり――〝実践〟のためのヒント

・亡くなった方は肉体を抜けて〝命の波〟になります。これが魂です。固有の周波数をもち、空間に留まります。恐れることはありません。ただ肉体を離れただけです。

・命の波（魂）は永遠です。大切な人の魂は、いつまでも、あなたのすぐ目の前に存在しています。あなたの中にもあります。そして、観測すると現れてくれます。

・ご先祖さまの命の波（魂）は、あなたを応援したいと思っています。明るく楽しく人生を過ごす姿を見せてあげたほうが、喜んでくださると思います。

・魂は〝目的〟をもって体に入ります。あなたは地球に何をしに生まれてきましたか？行き詰ったとき、人生の大きな選択をするとき、過去の体験を振り返るとき、その目的を思い出すチャンスです。目的に向かって動くことで、大きな力を得られます。

・魂の目的を知るキーワードには、「好き」「居心地がいい」「心の底から湧き上がる」「ワクワクする」「楽しみでゾクゾクする」などがあります。本当はやりたいのに我慢していませんか？　積極的にやってみましょう。それをするために生まれてきたのですから。

・**魂のデータはダウンロードできます。**それによってあなたの波（周波数）は濃くなり、情報量やエネルギーも増します。

・**幽霊は、魂とは別の〝感情のフォトン〟と考えられます。**「怖い」とか「気味が悪い」と思うとその周波数が濃くなり、留まり続けます。集まってもきます。もし、幽霊を感じたのなら、怖がらずに「大丈夫ですよ」と声をかけ、祈りのフォトンを響かせてあげましょう。その感情のフォトンの周波数が上がり、成仏となります。

・**亡くなった人の魂は今も存在し、愛を送り続けています。**それに気づき、あなたから愛・感謝を響かせていくことが、亡くなった方にも影響を与えます。

第5章

「運命」を変える

そもそも運命ってなんでしょう？
あなたは運がいいと思いますか？
何が、誰が決めるのでしょう。
「運命の人」って本当にいるのでしょうか？
あなたの天職はなんでしょう？
運命を〝与えられるもの〟と捉えると
不安になりますが、素粒子的には運命も周波数。
つまり、自分で決めているのです。

出会うべくして出会う「運命の人」とは？

運命ってなんでしょう？

辞書（日本国語大辞典：小学館）には次のように記されています。

「人間の意志を超えて、幸福や不幸、喜びや悲しみをもたらす**超越的な力**。また、その善悪吉凶の現象。巡り合わせ。運。命運。転じて、幸運、寿命、今後の成り行き」

なるほどー。「運命に翻弄される」なんて言いますよね。自分ではどうにもできない〝超越的な力〟に動かされている、というわけです。

たしかに、明日どんな出会いがあるかわかりません。何が起こるかわからない。超絶イケメンや絶世の美女が目の前に現れるかもしれないし、不祥事が発覚して会社が倒産の危機に陥るかもしれない。

すべて運命。超越的な力がもたらしているのだから仕方ない、というのですね。

だとしたら、努力するのがバカバカしくなりませんか。もし「失敗する」と運命で決まっていたら、いくらがんばってもムダになるわけですから。

でも、量子力学を応用して毎日の生活に生かせば、じつにさまざまなことが好転し始めます。そして「運命は変えられるものだ」と確信するに至ることができると思います。


そうです、運命は決まっているのではなく、自分でつくる（場を揺らす）ことができる。

つまり、**運命は、自分が決めた周波数帯で、命を運んでいくこと**なのです。

先の日本国語大辞典の記述を、素粒子的に書き換えさせていただくと、次のようになります（**色文字**は、線を引いた部分の代わりに入る言葉です）。

【運命】「**人間の意志**~~を超えて~~**によって場が揺れて、幸福や不幸、喜びや悲しみをもたらす**~~超越的な力~~**ゼロポイントフィールドの仕組み。**~~また、その~~**自分で揺らした周波数帯で引き起こされる善悪吉凶の現象。巡り合わせ。運。命運。転じて、幸運、寿命、今後の成り行き**」

いかがでしょう？

もちろん、辞書の解釈を否定しているわけではありません。あくまでも量子力学的な立場からの解釈ということで、お許しいただきたいと思います。

運命を〝超越的な力〟によるものと捉えていると、そこには恐れや不安、あきらめが出てきます。でも、本来は、このように〝主体的なもの〟なのです。

運命は自分で変えられる！

さて、みなさんの運命は、どんなふうに変わるのか？

ワクワクする気持ちであなたの場を揺らしながら、この先をお読みください。

「運命的な出会い」を、素粒子的に捉えると？

よく「運命的な出会い」なんて言いますね。それはどういうことなのでしょう？

セミナーで受講者に「運命的な出会いって、どんなイメージですか?」と質問してみました。すると、こんな答えが返ってきました。

「男女が偶然に出会って、雨の日に傘を貸してくれたりして……。で、忘れていたらバッタリ再会して、アッ! ってなって、惹《ひ》かれ合っちゃって、みたいな」

ベタなドラマみたいですね(笑)。言い方を変えると、「出会うべくして出会った二人」ということなのでしょう。

量子力学的に言えば、〝同じ周波数帯で同調して引き寄せ合った二人〟ということになります。それは「男女」とは限らないし、「恋し合う二人」とも限りません。「憎しみ合う二人」が運命的に出会うこともあり得ることです。

私たちの根源であるゼロポイントフィールドは、「男女」や「善悪」の区別がありません。ただ単に周波数が同調して引き合っているにすぎないのです。

すべてを生かそうとするゼロポイントフィールドは、それをただ見守るだけ。

「お、そこの二人、お似合いだよ。付き合っちゃえよ」などとは思いません。

同じ周波数帯にいる二人が、たまたま同じ場に居合わせた。しかも、たまたま周波数もピタリと重なった。このようにタイミングよく波が重なり合って同調し、周波数が高まり合った――。素粒子的には、こんな感じです。

しかも、それは「たまたま」ではなく、「同調し合う」のが、素粒子にとっての当たり前なんです。

本人たちにしてみれば、周波数のことなんてわかっていませんから「なんとなく惹かれる」とか「意気投合する」「なんか波長が合う」「気になって仕方がない」などと感じます。

ピタリと同調した波は、その時点で濃い波となって、離れがたくなります。

すると、この時点で「あ、運命の人だ」と気づくのでしょう。

私たちの周波数は一定ではありません。気づきや環境の影響などによって、時々刻々と変化しています。

たとえば、AさんとBさんは同じ周波数帯（パラレルワールド）にいますが、それぞれの周波数は、時々刻々と変化しています。しかし、あるタイミングで、ピタリと一致することがあるのです。

今、思い返すと、私と妻もそうでした。恥ずかしながら、私たちの例をお話ししたいと思います。

タイミングがピタリと合うのは、偶然か必然か？

妻と出会ったのは２００２年、私が27歳のときです。

父の会社で働きながら、本当の自分を出せず、「もっと自分を生かしたい」ともがいていた私は、年末年始の休暇を利用し、富山県にある北陸内観研修所に〝内観〟に行きました。部屋の片隅に屛風《びょうぶ》を立て、畳半畳だけのスペースで7泊８日間過ごすのです。

その間、当時ご存命だった長島正博先生との面談以外は誰とも会話もしないし、情報もありません。自然と、自分の心と向き合うことになります。

母に愛されていたこと、父の叱咤《しった》の奥にある思い、自分のこと、仕事のこと、恋愛のこと……これまで見過ごしてきたこと、思ってもみなかったことに気づきました。

当時は量子力学とは無縁でしたが、この内観を境に、私の周波数は大きく変わっていったと思います。

いっぽう、同じ頃、妻（知り合う前の存在も知らない女性）は、「ピースボートの世界一周の旅」に出ていました。3か月間、船で世界各地を巡りながら、人種も文化も違う人々と交流するツアーです。私の〝内観〟とは正反対ですね（笑）。「畳半畳」と「世界一周」。「自分の内側との出会い」と「世界中の異文化の人々との出会い」……。

でも、妻は、世界では予想だにしない出来事が起こっていること、日本や自分とはまるで違う価値観があることを知り、自分への気づきを深めていったのです。彼女もまた、周波数を大きく変えていたのでした。

私と妻は、そんなタイミングで出会ったのです。6月8日、地球環境を考える啓発運動をしているNPOが国連の認可の団体となった祝賀会の場でした。

ビビビビーンときました（笑）。妻は美人なので、その容姿に惹かれたというのも否定しませんが、言葉では表せない感覚です。

妻は私の名前だけは知っていたそうなのですが、150名もいる会場の中で私に気づき、「あなたが大ちゃんですよね？」と話しかけてきました。

この出会い以降、人智《じんち》を超え、運命を感じるようなさまざまなことが起こって今の私たちがあります。そして現在の開華に繋《つな》がっていくのですが、本文では割愛させていただきます。

そのパーティでは、同じ空気の中に溶けているような感じで意気投合して、時間を忘れておしゃべりしました。

面白かったのは、学生時代の私の写真を見せたときです。写真の私は、髪はメッシュ、サングラス、ジャラジャラとネックレスを下げ、指輪で色黒。すると、彼女は絶句。「私こういう人、ちょっと苦手……。大学時代に会っていたら絶対付き合っていないと思う」

大学時代の私たちは、おそらく周波数が合っていなかったのでしょう。

その数年後、私は内観、妻は世界へ行き、互いに人生観が大きく動き、フォトン振動数が変わった。そして二人の元々の魂に「地球のために何かしたい」というものが表に現れ始めたから、出会うことができたのでしょう。

あなたの〝出会い〟が悪いなら、周波数を変えればいい

つまり、こういうことです。

周波数は時々刻々と変化しているが、あるタイミングでピタリと一致することがある。これが「運命的な出会い」というわけです。

私が内観に行かず、周波数が違っていたら。あるいは、妻が世界一周の旅に出ず、周波数が違っていたら、二人はおそらく意気投合はしていないのです。

仮に、出会ったとしても、惹かれ合うことはなかったと思います。それどころか、数年前なら、チャラチャラした姿の私を妻は避け、会話をすることさえなかったでしょう。

ところが、それぞれの人生体験を経て、「もっと自分を生かしたい」という同じ周波数帯（パラレルワールド）にいた私たちは、導かれるように出会い、惹かれ合ったのです。

後から聞くと、妻も初めて出会った瞬間に、

「あ、いた……」

と、そこだけ光って見えたそうです。これが「運命的な出会い」なのかもしれません。

もちろんそれは、最初から定められていたわけではなく、自分がいる周波数帯（パラレル）で「自分の発する波」と「相手の発する波」がピタリと合致した結果だと思います。

私と妻も、もしあの時点で、波が合致していなかったら、別々の人生を歩んでいたでしょう。妻は、別の人と結婚し、幸せに暮らしていたかもしれません。あるいは「自分を生かせている」という実感を得られず、寂しい思いをしていたかもしれません。

いずれにしても、それは妻の周波数帯で引き起こされること。つまり、妻自身が決めているのです。


もし、あなたが「悪い人とばかり出会ってしまう」というのなら、それはあなたの周波数帯が、そういう周波数帯だということ。

それが嫌なら、周波数帯を変えればいい。

とても簡単なことです。あなたの思考の習慣を変えればいいのです。

たとえば、自分も他者も大事にするようになると、あなたは「愛の周波数帯」に飛んでいき、そこで人と出会うことになります。

●「運命・ご縁」とパラレルワールド●

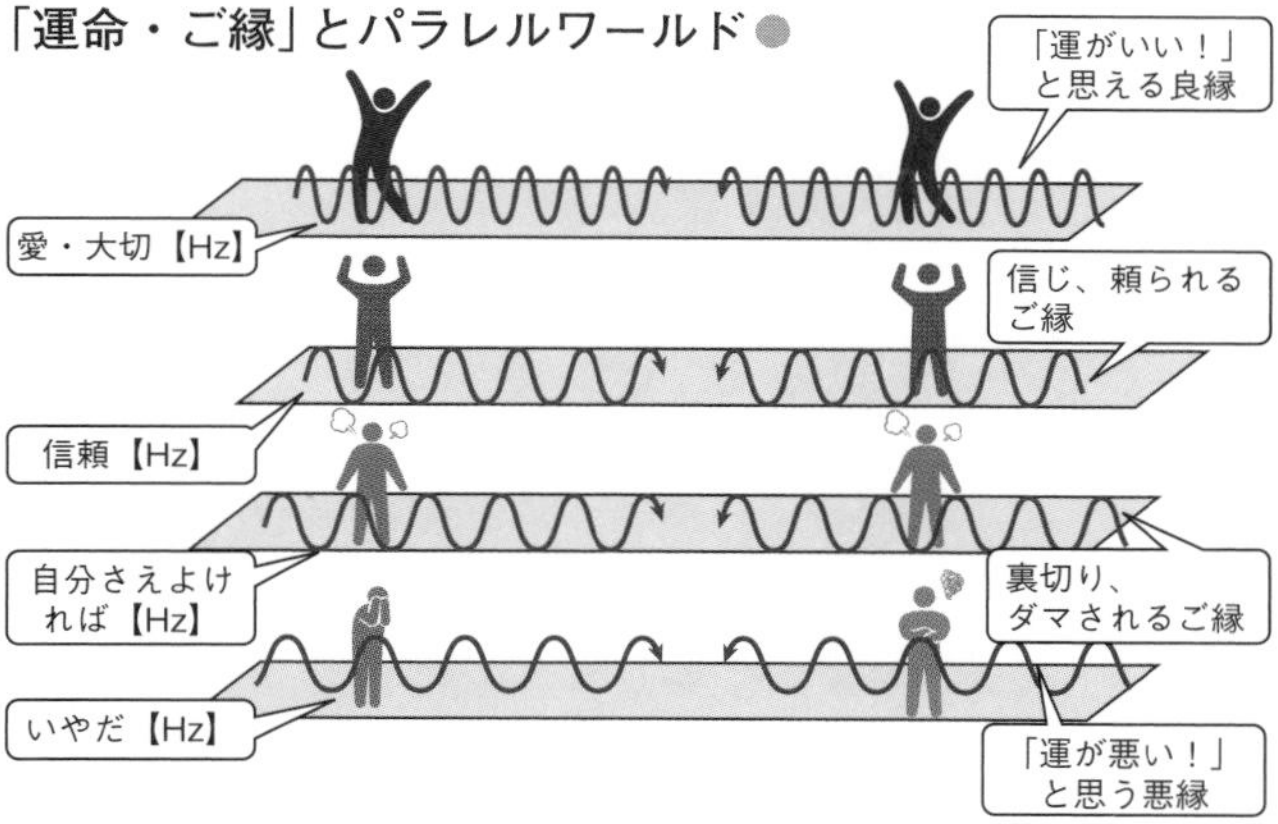

そのパラレルには、あなたを大事にしてくれる人がいます。その中から、あなたと波長が合い、惹かれ合う人が出てきます。

ところが、自分だけを大切にして「他人なんてどうなってもいい」という周波数帯にいれば、自己愛ばかりが強く、あなたのことを愛してくれない人と出会うことになります。

どんな世界にいても「運命的な出会い」はありません。恋愛関係とは限りません。友だちや仕事の関係者との出会いも同じです。

「運命的な出会い」は〝よい出会い〟ばかりとも限りません。「嫌だ嫌だ」と生きていれば、「嫌だHz」の周波数帯での出会いがあります。ドンピシャに〝憎しみ合う人々〟が寄り合ってしまうことがあるのです。

あなたが出会う人は、あなたがどんな周波数帯にいるかを、教えてくれています。

もしもあなたが、誰かに「愛されたい」と願うなら、自分と周りを愛することです。

「信頼されたい」と思うなら、自分と周りを信じて頼ってみることです。

それによって、周波数帯が変わり、あなたの出会いも変わります。

いつまでも「うらやましいな。なんで私は……」と卑下していれば、その周波数帯に居続けることになり、満足できない出会いが続くことになるのです。

天職は与えられるものではなく、自らつくるもの

仕事についても、これと同じことが言えます。

今は「好きなことを仕事にできる時代」ですが、それでも「嫌々」「渋々」で働いている人は多いですよね。私はそれをいいとかダメとか言う立場にありませんが、「天職に就きたい」という声をよく耳にしますので、ここで一緒に考えてみたいと思います。

そもそも〝天職〟って何だと思いますか？

辞書には次のように書かれています。

「天から授かった職業。また、その人の天性に最も合った職業」（デジタル大辞泉：小学館）

なるほどー！　でも、天から授かると言われても、天の声なんて聞こえません。また、天性に合うと言われても、天性がわからない。だから、多くの人が悩むのですね。

量子力学的に言えば、こんな感じです。

天職＝ゼロポイントフィールド側から任されている役目

仕事というと〝職種〟や〝会社〟をイメージしますが、それはあくまでも物質界がつくったカテゴリーです。

ゼロポイントフィールド側から見たら、どの仕事がよいとか悪いとか、どっちの仕事が上とか下とか、そういう概念はありません。仕事も、単なる現象の一つにすぎません。ゼロポイントフィールドからすれば、あなたが日常やっていることが〝天職〟です。「会社員」とか「主婦」とかは、関係ありません。どんな役目も平等です。「弁護士」「医師」とか、「社長」「フリーター」とかも関係ない。ましてや「超大手の〇〇社」という会社名など、まったく意味をもちません。ゼロポイントフィールドからすれば、あなたがその役目に対して「どう取り組んでいるか」が、最も重要なのです。

ゼロポイントフィールドに〝意志〟はありません。ただ単に「あなたの行動や思いに応じて場を揺らす」という〝仕組み〟があるだけです。

たとえば、主婦が心を込めて料理をつくっていれば、その周波数を響かせます。すると、本人だけでなく、それを食べる家族も幸せを感じますよね。健康にもなっていきます。

それが、いわゆる〝天職〟です。

あなたが、医師になったとします。

一人一人の患者さんに対し、「癒そう」という思いを込めていれば、癒しのフォトンで場が揺れて、多くの患者さんを心から元気にできます。

こうなれば「医師は私の天職だ」と思うことができるでしょう。

ところが、お金儲《もう》けのために医師になったとします。

すると「お金儲けの周波数」で場が揺れるので、お金は儲かるかもしれませんが、心は潤わないので、名誉や権力に走る人が出てくるのも不思議ではありません。

そうなると、「医師は私の天職だ」とは思えないでしょう。

つまり、天職とは、職種や役職ではなく、天（ゼロポイントフィールド側）からの愛で自分自身を生かしていくものです。同時にそれは、ご縁ある家族や職場の人、お客さんたちのゼロポイントフィールド側を湧き上がらせていくことにもなるのです。

「人々のために」という意識が あなたに力をくれる

今、あなたがしている仕事や役割は、現象の一つです。フォトンによって場が揺れて、あなたはその仕事に就きました。あるいは、その役目が与えられました。その仕事や役目に対し、どういう周波数で揺らすかで、その後の展開は、大きく変わってきます。

嫌々、渋々やっていれば、どんどんつまらなくなります。成果も上がらないでしょう。「人々のため」と祈りを込めたり、感謝を込めたり、真剣に向き合ったりすれば、どんどん楽しくなります。成果も上がってくるでしょう。

なぜなら〝ゼロポイントフィールド側の本来の周波数〟で揺らしているからです。「愛の周波数」はすべてを生かす周波数でしたね。それを響かせることで、ゼロポイントフィールドの根源側から〝すべてを生かすエネルギー〟が湧き上がってくるのです。

大工さんがそれをやれば、住む人の心と体がイキイキする幸せな家ができるでしょう。学校の先生がそれをやれば、生徒は自分の能力を生かせるようになるでしょう。

すると、あなたの心も満たされます。経済的にも潤ってきます。金満生活という意味ではありません。「ゼロポイントフィールドが私を生かそうとしてくれている」と、感じられるようになると思います。支援者が現れたり、これまでの努力が認められたり、いろいろなことがうまく運ばれるのを実感できることでしょう。

ただし、ここで天狗《てんぐ》になったり、あぐらをかいて金満生活に浸ったりしていたら、その周波数で場が揺れますから、伸びた鼻を折られたり、欲の沼にハマって抜けられなくなったりします。

常に〝ゼロポイントフィールド側の本来の周波数〟で場を揺らす、という意識を持ち続けることが大事なのです。

転職するときは「おかげで」を探し、感謝してから次に進む

〝天職〟を探して〝転職〟をくり返す人がいます。ダジャレではありません（笑）。

でも、転職しても、なかなか天職にめぐり合えません。それは、前項で話したようなゼロポイントフィールド側の仕組みがわかっていないからです。

「天職は与えられるもの」と考えることが、そもそもの間違いです。その意識でいると、

せっかく天職に出会っているのに、気づかず、手放してしまうことがあります。嫌なことがあるたびに「この仕事は私の天職じゃない」と転職していたら、キリがありません。厳しい言い方をすると、逃げているだけだと思います。私は何度も転職したわけではありませんが、「逃げていた」という点では同じでした。

では、そういう人は、どうしたらいいいか？

逃げる前に、メッセージを汲《く》むことです。ゼロポイントフィールド側の周波数に目を向け、目の前の好ましくないと思われる現象に「おかげで」の周波数を振りかけるのです。それによって、転職先のパラレルを「感謝の周波数」で始めることができます。

私の場合は、「仕事を丁寧にする」ことと、「人の心がいかに大事か」ということを学ばせてもらいました。

その気持ちになったのは、次のような経験をしたからです。

頻繁に不平不満を言っている社員がいました。その日も彼は、私にグダグダと文句を言ってきていました。私は話をふんふんと聞いたふりで、心の中ではうんざりしていました。

「文句言ってないで仕事すればいいのに。また忙しくなっちゃう」と内心思い、仕事に気をとられて話半分に聞いていました。

それが態度にも表れてしまったのだと思います。彼は烈火のごとく怒りました。

「機械は止められるけど、人の心は止められねえんだよ！」

私はハッとしました。彼の文句の奥にある「心の訴え」を汲まず、「めんどくさい」の周波数で存在していたんです。

落ち着いて考えれば、彼の愚痴は仕事の改善策でもあったのですが、「嫌だ」と思っている私には、批判にしか聞こえなかったのです。

この出来事があって以来、私は「仕事を丁寧にしよう」「人の心に寄り添おう」と思うようになりました。すると、不思議なくらい、彼との関係も改善し始めました。

このような痛い思いをしながら、たくさんの「おかげで」の周波数を振りかけることができた私は、父の会社の閉鎖とともに、「感謝の周波数」で今の仕事を始めることができたのです。

もし、あのとき、それに気づいていなければ、今もまだ「これはオレの天職じゃない」

と、中途半端な仕事をしていたかもしれません。

転職を考えている方に、こんな私の経験でも、参考になるかもと思い、お話しさせていただきました。

天職に出会うためには、今この瞬間の仕事の中に、ひたすら感謝を探してみることです。そして深い「ありがとう」を込めたとき、天賦のエネルギーが湧き上がり、天賦の周波数と合わさって、本当の天職にめぐり合えます。

次の言葉をいつも心に刻んでおくといいと思います。

「できごとの　卒業証書は　感謝波動」

悪い占いほどよく当たるのは、あなたがそうさせているだけ

素粒子には時間の概念がありません。同じ周波数の中に、過去も未来もすべてが含まれています。

たとえば、占い師に10年後の未来が見えたりするのは、このためかもしれません。

開華のトレーナーさんで占いやヒーリングをされる方も増えているので、以下のように伝えています。

たとえば、「3年後に病気になる」という未来が見えたとしましょう。

このとき「あなたは3年後に病気になりますよ。ご注意くださいね」と伝えてしまうと、その人は「私は病気になるのか」と〝不安の周波数〟で場を揺らします。

すると、本当に病気になってしまうのです。

そうではなく、素晴らしい未来をつくっていくのが私たちの役割なので、次のようにアドバイスをするよう、トレーナーさんに話しています。

「お体をしっかり労《いたわ》ることによって、あなたはさらに華開きます。食事と休養にはじゅうぶんに気を配って。お体も素粒子なので、愛で揺らしてあげて、それを周りにも響かせてあげてくださいね。それによって、未来はどんどんよくなりますから」

病気という言葉は、ひと言も出さず、3年後を変えていく。

もしも、運命が決まっているとしたら、どんなアドバイスをしても結果は一緒ですが、実際は、伝え方で未来が変わっていきます。伝えられたご本人の意識で、その瞬間瞬間の場の揺らし方が変わり、現象と未来が変わっていくからです。

つまり、運命はあなた次第でどうにでも変わる、ということです。占いは「当たるも八《はっ》卦《け》、当たらぬも八卦」などと言いますが、結局、自分で決めているということなのですね。

じつは、〝当たる〟と評判の占い師さんほど、自分の言葉で場を揺らし、その言葉を実際に叶《かな》えてしまいます。能力のある占い師さんほど、言葉に含まれるフォトンの粒の量が多いのだと思います。

魅力的な低い声で真っ直《す》ぐに目を見られ、「あなた、本当に、今のままじゃ死にますよ」なんてフォトンを大量に飛ばされたら、思わず場がそれで揺れてしまいますからね。

このような話をしたのは、私が占いを否定しているからではありません。

運命は変えられる、ということをお伝えしたかったのです。

おそらく、占い師さんも、同じ思いなのではないでしょうか。

私が日々行っている「量子力学的」実践術のまとめ

指定されたページ数が残り少なくなってきました。ここで、私がしている日々の実践について、少し補足説明をさせていただきます。

どれも、周波数が上がることばかりです。

それは同時に「運命を変える」ということでもあります。

参考にしていただけたら幸いです。


【自分ほめ】


これは第2章（94ページ）で紹介しましたので、詳しくはそちらをお読みください。

自分をほめることは、自分を認めることです。

私たちは子どもの頃から〝常識〟や〝ルール〟に縛られて育ちます。家庭だけでなく、学校や会社でもそうですね。「〇〇しなさい」「〇〇しちゃダメ」と。それで「自己否定」

の周波数が濃くなっている人が多いのです。

もし、これまで何度か「自分を変えよう」といろいろな試みをしたのに変わらなかったというなら、それは「自己否定」の周波数のほうが濃いからです。

自己否定のフォトンの粒が残っていると、自分を否定するような現象を引き起こしてしまいます。

「自分ほめ」は、それを根本から変える実践です。続けていくうちに、自己否定の濃い霧が少しずつ晴れていきます。

【よりそい】

「自分ほめ」と併せて実践してほしいのが、「よりそい」です。

自分の行動を否定するのではなく、「そうだよね。わかるよー」と、よりそってあげる。

たとえば、あなたのやることに対し、いちいちダメ出しする上司がいたとしましょう。

一生懸命にやっているのに、頭ごなしに「NO」と言われたら、「なんで！」とムカついてしまいますよね。その感情を抑えるのではなく、よりそってあげるのです。

「こんなに一生懸命にやったのに、それを否定されたら、そりゃあ頭にくるよ。でも、よくがんばったよね。えらいぞ、私！」

このように「よりそい」と「自分ほめ」を連動することができればベターです。

とくに、自己否定の周波数が濃い人には効果がありますよ。

「あー、自己否定しちゃった」と感じたら、すぐにその上から「よりそい」の周波数を振りかけてあげる。「よりそい」＝「愛」ですから、振動数の高い波をかけることになって、自己否定の低い振動数が上がり、自分の心が自然とラクになります。

ノートに書く必要はありません。その場でできるので、気軽にやってみましょう。

【おかげで日記】

これも第3章（145ページ）を始め複数のページで書いてきましたが、もう少しだけ。

「おかげで日記」は、周波数を上げる「昇華のふりかけ」です。

たとえば、前項で例示した〝いちいちダメ出しする上司〟に対しては、次のように「おかげで」を振りかけます。

「上司のダメ出しは、言い方がきつくて嫌だけど、言っていることは一理あるよな。そんなふうに忠告してくれるおかげで、仕事の質が上がる。それによって、お客さまは喜んでくれる！」と、昇華できることを喜んであげます。

「お客さまは喜んでくれる」とか「社会の幸せに繋がる」など、大きな視点で昇華できれば理想的です。なぜなら、それはゼロポイントフィールドの側に立つことだからです。

「愛・感謝の周波数」に近づいていくわけです。

「よりそい」＋「自分ほめ」＋「おかげで」＝周波数が爆上がり！

〝3つのふりかけ〟を合わせて振りかけてみてはいかがでしょう。


【愛・感謝・お役立ちで考える】


私たちは時々刻々、なんらかの出来事に遭遇しています。このときに〝何を思うか〟〝どう考えるか〟で周波数は変わります。

できるなら、下がるより上がったほうがいいと思いませんか？

そこでこの方法です。

出来事を「愛」「感謝」「お役立ち」で捉えたらどうなるか？　と考えてみるのです。

たとえば、急いで駅に向かったけれど、乗ろうとした電車が行ってしまった。こんなとき、「あー、もう少し早く家を出ればよかった。遅刻して迷惑かけちゃうな」などと考えずに、「愛・感謝・お役立ち」に転化してみるのです。

たとえば、「友だちを待たせてしまったことを、まずはしっかり謝ろう。そして、待っていてくれて本当にありがとうと感謝を伝えよう。その後、楽しくいられるよう、明るい笑顔も心がけなきゃね」というふうに。

前項の〝3つのふりかけ〟にも似ていますが、どちらが優位ということはありません。どちらも周波数を上げる実践です。

最初は「えっと、これを愛・感謝・お役立ちで考えると、どうなるかな？」みたいに戸惑うかもしれませんが、続けているうちに自然にできるようになります。

それはつまり、あなたの周波数が上がった証《あかし》でもあるのです。

【魂の〝目的〟に気づく】

第4章でも話したように、あなたの魂は〝目的〟をもって生まれてきます。あなた固有の周波数が〝目的〟です。ところが、物質の世界で優位・下位の順位付けをされたり、常識やルールに縛られたりするうちに、多くの人はそれを忘れてしまいます。

魂の目的に気づくコツは、行動するときに「何か違う」とか「しっくりこない」という

〝違和感〟をスルーしないこと。そして「本当はこうしたい」「これがしたい」という〝好き〟を流さずに受け止めてみることです。

その「違和感」は、あなたが望む方向と逆行している証拠であり、その「好き」こそが、本来のあなたが望んでいること、つまり〝魂の目的〟とも言えるのです。

素粒子は、ゼロポイントフィールドから生まれます。まさに、お母さんですよね。「楽しんでね」とか「冒険してね」とか「いってらっしゃい」などと言ったかどうかはわかりませんが、人間として生まれるあなたを、快くこの世に送り出してくれました。あなたの魂が、それを望んだからです。

あなたは「愛・感謝の周波数」から送り出された存在なのです。

ですから、それを思い出すことは、「愛・感謝の周波数」に近づくことになります。

そうやって周波数を上げることは、ゼロポイントフィールドからの支援が入りやすくなる、ということでもあるのです。

【ご先祖さまへの感謝・供養】

無宗教の人が多いとはいえ、信仰の厚い日本人は、昔から先祖供養を大事にしてきました。「お線香を上げないと、なんか落ち着かないのよね」とか「命日のお墓参りは欠かさない」という人は多いと思います。

ここまで読んでこられた方ならおわかりのように、私たちの実体は、単なる〝モワモワの雲〟であり、その中の〝意識〟は周波数をもった電磁波です。

そして、亡くなったご先祖さまは、肉体こそ滅んだものの、〝命の波〟（魂）はゼロポイントフィールドに永遠に残っています。

先祖供養とは、ご先祖さまに対して「冥福・幸せを祈ること」と「日頃のご加護に感謝すること」です。素粒子レベルで見てみたら、そもそもゼロポイントフィールド側にいるご先祖さまに対して、私たちが〝幸せと感謝の周波数〟で共振し、〝命の波〟を引き寄せることではないかと感じています。そのため、意外な力を発揮したり、思わぬところから支援が舞い込んだりするのです。

私がご先祖さまにお祈りするときは、心の波が鎮まっていく様子をイメージします。それによってゼロポイントフィールド側のご先祖さまと同調していく感じです。

もちろん、実証はできませんが、それによって意外なご加護を得られることは確信しています。

【見えない存在を敬う】

アメリカの物理学者デビッド・ボーム博士は、次のように言っています。

「観測される現実は、宇宙の観測不可能な深い領域（内蔵秩序 Implicate Order）から現れて顕在秩序（Explicate Order）となる。空間は虚空どころでなくエネルギーに満ち充ちているのだ」（『フィールド　響き合う生命・意識・宇宙』リン・マクタガート／河出書房新社）

この本で話してきたことと同じですね。

私たちが見ている世界は、かなり限定的です。見えない世界のエネルギーのほうが圧倒的に大きい。

この事実を理解できたとき、見えない存在を敬うようになると思います。

幽霊の存在にしても、私にすれば当たり前です。私たちも出している「許さない」などの感情のフォトンの集まりなのです。生きている人、亡くなっている人に関係なく、「許さない」という周波数なのです。

だから私は、恐れずに「大丈夫ですよ。あちらに戻りましょうね」と声をかけるようにしています。もちろん、実際に目にしたら驚きますけど（笑）。

超能力だって「そりゃ、あるわな」という感じです。そもそも、私たちの実体は〝モワモワの雲〟であり、波でしかないのですから。

波の振動数を高くすることで、ふつうの1時間を10時間くらいに活用することもできますし、ゾーンに入って奇跡的な力を発揮することも可能です。

これについても、拙著『時間と空間を操る「量子力学的」習慣術』に詳しく書きましたので、そちらも併せてご覧いただければ幸いです。

【お風呂で「ありがとう」の声を響かせる】

私たちは波ですから、その思いを響かせることができます。

これまで私なりにいろいろ試してきましたが、お風呂での「ありがとう」は、効果があります。何かの力が得られるというよりは、自分自身の波が整うのを感じられるのです。

バスタブに耳まで浸《つ》かり、口は水面に出し、やや高い声で「あーりーがーとーうー」をくり返し言います。声は、自分が心地よく「よく響くな」と感じる高さでいいと思います。

お坊さんの読経を思い出してみてください。声がよく響きますよね。あんな感じで、歌うように「ありがとう」を発声しながら、全身の〝モワモワの雲〟が「ありがとう」で揺れているのをイメージします。

その日にあった出来事や、いろいろな人の顔を思い浮かべながら言うとさらにいいですね。ぜひ、お試しいただければと思います。


【毎日の写経】


私は、毎朝、写経を日課にしています。子どもが胎児で亡くなってから始め、もう8年以上、ほぼ毎日書いています。この朝の習慣があるので、日中も心の静寂さを感じられているのだと思います。

般若心経の意味も考えます。「色即是空」と書きながら「物質（色）がそのままゼロポイントフィールド（空）なんだな」とか、「三世諸仏」とは「過去・現在・未来（三世）、本当にすべてが仏だな」などと感じながら書いています。

写経といっても写さず、見ずに書けるので、その途中にときおり〝降りてくる〟というか、「あ、YouTubeでこれを話そう」とか「原稿のあの部分はこう書こう」などとアイデアが浮かんできます。そういうときは、一旦メモをしてから、写経を再開します。

私の中では、写経によって波を穏やかにしてから一日をスタートする感じです。

すぐに成果が出るとか、本当に成果が出るかどうかもわかりません。毎日写経しなさい、と言ってくださった西中和尚は後に私に、こんなふうに言ってくださいました。

「村松さんが、実現化が早いのは、写経をやっているからだよ」

そう言われて、ハッと気づいたことがありました。私は、写経をしながら、この本に書いたことを、確認しているのです。

物質がじつはゼロポイントフィールドとイコールで、だから、たとえ、誰かに何かを言われようが、環境や状況がよくなかろうが、自分の思い（意図）をゼロポイントフィールドにぶつければ、そこから物質化が起こる、ということを毎朝、思っているわけです。

興味のある方は、ぜひ、実践していただければと思います。


【毎日の祈り】


私は毎朝、自宅の仏壇や神棚に「お祈り」もしています。

また、塾に行ったらすぐに神棚と他の二つの部屋にお祈りをし、帰るときにも祈ります。

そして、帰宅後は、仏壇や神棚に祈ります。

「写経もやって、祈りもそんなにやって大変じゃない？」と言われることもありますが、それが心地よいのです。祈りのフォトンが振動数を上げてくれることは、間違いないと思っています。

そもそも「祈る」は「い・のる」。自らの「意」を「宣《の》る」（宣言する）ということです。思うだけ、意図するだけでもフォトンは飛びますが、「祈り」や「言葉」を発することによって、フォトンがさらに広がっていくのです。

以前、私は、祈りを欠かしたことがありました。20分の祈りの時間を省略して、仕事を優先させたのです。でも、すぐに後悔しました。力が出ず、集中力も続かず、発想も乏しくなるのです。邪念や邪魔も入ってきます。

たとえるなら、祈ってから仕事をするときは、私の場は「1万Hz」で揺れており、祈らなかったときは「100Hz」の周波数で揺れている。そのくらいパワーが違うのです。

祈りをすると、ゼロポイントフィールド側と繫がるという感覚があります。反対に、祈らないと「物質側」のマンパワーだけで仕事をするような限界を感じるのです。

やってみれば、あなたも実感できるはずです。これまでいかに狭い世界で苦労していたのかと。たとえて言うと、「自分スマホ」をWi-Fiと繋げて生きるのか、機内モードでWi-Fiと繋げずに生きるのか、のような感じです。

たった1~2分間の祈りでも、あなたの世界は確実に大きく広がります。

お祈りの言葉は、開華トレーナーの伊藤美都子さんがつくってくださり、「習慣術」の本でもご紹介しました。〇〇〇〇部分にはご自身のお名前をフルネームで入れます。

「今日も世界の平和と人々のために、私は天の意志の下で働きます。
私は、〇〇〇〇を生きます。
私は、〇〇〇〇を生かします。
私が私を大切にします。
その悦びが周りに広がりますように、私は最高の自分を発揮します。
ありがとうございます。
今日も地球のすべての人々が、すばらしい素敵な一日を過ごすことができますように」

どうにも動かないときは、愛で接すれば動きだす

お伝えしたいことは尽きませんが、最後に、私の大好きな吉田松陰先生の話をさせていただきます。

松下村塾をご存じでしょうか？　吉田松陰先生が指導した私塾です。期間は短いですが、この私塾から、幕末〜明治の日本を引っ張った人材が多数育ちました。塾生は50人ほどと推測されますが、多くの塾生が、この時期の日本にとって必要な人となったのです。高杉晋作や久坂玄瑞は有名ですね。また、伊藤博文は初代の総理大臣になっています。いずれも、松陰先生の指導あってのことです。

松陰先生は、ペリーの黒船に乗り込んだ罪によって牢獄や自宅禁固を命じられていたときもお話をしていました。

つまり罪人が、若者を集めて人の生きる道を教えたのです（といっても、松陰先生ご自身も20代の若さでしたが）。

そこには強大なエネルギーがあふれていたのでしょう。長州藩で討幕に関わった人が、ことごとくこの松下村塾にいたわけですから。魂を動かすパワーがあったのです。

でも、松陰先生ご自身は、明治維新を見届けていません。その前に処刑されてしまったのです。

「討幕」の気運が盛り上がり、危機を感じた幕府は、全国の大名、公卿《くぎょう》、親王を片っ端から処刑します。それを主導したのが、大老の井伊直弼です。

その大波は田舎の私塾の松陰先生にまで及びます。取り調べられた松陰先生は、あっさりと「老中・間部詮勝の暗殺計画」を認めてしまいます。

結果、斬首刑。首をはねられてしまいます。

そのときに、松陰先生が、次のようなことを話したと伝わっています。

「至誠にして動かざるもの未《いま》だこれ有らざるなり」

真心、愛をもって接すれば、心の動かなかった者はいない、ということですね。

そして、続けてこう言ったとも伝わっています。

「井伊直弼の心を動かせなかったのは、私に愛が足りなかったからだ」と。

松陰先生は、門下生の心を愛で動かしていたのですね。だからこそ、彼らは自分の命を懸けて時代を変えることができたのでしょう。

きっと、ゼロポイントフィールド側に立ち「愛のHz」で動いていたのですね。

私も敬愛する松陰先生に倣い、「愛で接する」ようにしています。

もし、あなたが、どうにも動かない事態に遭遇したときには、「愛なら動く」と思って行動してみてはいかがでしょう。

「この事態に、愛を振りかければどうなるか?」

そう考えて実践してみると、きっと何かが変わります。

第5章のふりかえり――〝実践〟のためのヒント

・運命は、あなたの周波数帯で引き起こされる善悪吉凶の現象です。つまり〝自分でつくるもの〟なのですが、それを自覚することが、運命を操作する第一歩です。

・「運命の人」は、あなたのいる周波数帯で、あなたの波と同調する人です。「こういう人と出会いたい」という理想があるならば、あなたがその周波数帯に行くことです。

・「運命の人」は、素敵な人とは限りません。あなたが「悪い周波数帯」にいれば、〝極悪人〟と運命的な出会いをするかもしれません。すべてはあなたの周波数なのです。

・あなたが「愛されたい」と願うなら、自分と周りを愛してみましょう。「信頼されたい」と願うなら、信頼してみましょう。まずは自分の周波数帯と周波数を変えるのです。

・天職は、与えられるものではなく〝自分でつくるもの〟〝育てていくもの〟です。世のため人のために、どんなお役に立てるか、という〝ミッション〟と考えてみましょう。

・自分のために働くことは大事です。でも「人々のために」働くという意識でいると、Z

PFと繋がり、大きな力が与えられます。

・**ZPFでは職業に優劣はありません。社名や役職も一切無関係です。**ZPFにはすべてが用意されています。ご縁も、成功も、経済もここにあります。

・**あなたが目の前の仕事に真摯に向き合ったとき、ZPFと繋がります。**言い訳をしたり、自分の利益を優先したりしているときは、不思議と繋がれないのです。このときに成功することがあっても、それは限定的なものになってしまいます。

・**転職するときは、「おかげで」を探し、感謝してから次に進みましょう。**感謝の周波数帯に上がって、次の仕事をスタートすることができます。

・**目の前の仕事に集中すると、振動数が高くなります。**このため、時間や空間の密度が濃くなって、短時間に多くの仕事ができたり、奇跡的な力を発揮できたりします。

・**見えない存在を敬いましょう。**可視化できる現象はごくわずかです。見えないエネルギーのほうが圧倒的に多く、それが現象化をリードしています。その仕組みを知ると、あなたの現象は一変し始めます。

・**物事がどうにも動かないときは、愛で接してみましょう。**「この事態、愛ならどうするか？」と考え、行動してみる。すると事態は好転し始めます。

エピローグ
魂からのメッセージ

大切な人を失った悲しみは計り知れません

第4章でも話したように、不慮の事故などで急逝する人がおられます。

亡くなった方の無念さもそうですが、ご遺族の深い悲しみは、当人でなければとうていわかるものではありません。

周囲がどんなに温かく励ましても、どんな慰めの言葉をかけても、響かないかもしれません。

「私の気持ち、あなたにはわからないでしょ」と考えるのは当たり前のことだと思います。

そして「これが運命だったのか？」と、やり切れない気持ちの人生を過ごしてしまいます。

「量子力学では……」なんて、私がいくら言葉を尽くしてお話ししても、ご遺族からすればなんの癒しにもならないことは承知しています。

それでも、一人でも感じてくださり、前を向くきっかけにしてくだされば……との思いを込め、ここで改めてお話しさせていただきます。


人が亡くなると、肉体は消滅します。

しかし〝命の波〟は永遠に残ります。

ゼロポイントフィールドには、亡くなった人の〝命の波〟(電磁情報)も含め、ありとあらゆるエネルギーがあるからです。

そのゼロポイントフィールドは、どこにでもあります。あなたのすぐそばにもあるし、あなたの全身の細胞の中にもあります。

肉体がこの世から消えても、魂は永遠に、すぐそこにあって振動しています。

揺れながら、あなたの波と同調する機会をうかがっているかもしれません。


ただ、生前と違うところもあります。

それは、肉体や物質界のしがらみから離れ、自由になっていることです。

すべてを生かそうとするゼロポイントフィールドの「愛の周波数」の中を〝天国〟と言うのかはわかりません。〝魂〟がそこで他の魂と交流しているかもわかりません。

でも、波なのですから、同調することはじゅうぶんに考えられます。

そして、あなたとも同調したいと願っていることはあり得るのです。

なぜなら〝命の波である魂〟には、生きていたときの記憶（記録）が残っているからです。大切な人を応援したいと願うのは、当然のことではないでしょうか。

魂のメッセージを汲むということ

あなたが故人の命の波と同調できたとき、魂のメッセージを汲《く》んだことになります。

あなたが悲嘆にくれ、世を恨み、失意のままで過ごすなら、二つの波は同調できません。

ゼロポイントフィールドに還《かえ》った命の波は、「愛の周波数」の中で揺れているからです。

心を閉ざしていると、愛の周波数帯と同調できません。

でも、あなたが故人の死を受け入れ、命の波と同調できたとき、魂のメッセージを汲むことができます。

じつは私は、まだ生まれる前の娘を失《な》くしています。

まなちゃん――。妻のお腹《なか》で4か月を過ごしただけの命です。それでも、私と妻を家族に選んできてくれた命です。

当時、私と妻との関係はよくありませんでした。惹《ひ》かれ合い、愛し合い、お互いのよさを認めて結婚したのに、私の心の癖で自分を責め、妻を責める生き方になっていました。

そしていつしか妻の心は私から離れ、離婚の危機でした。そのような中で赤ちゃんを授かり、大きな気づきを得て、「本当に妻を大切にしていこう」と決めました。

妻は、これから本当に結婚生活を続けていくのか悩んでいたときにまなちゃんがお腹に宿り、「もう一度やり直そう!」と覚悟が決まったと言います。

しかしある日、まなちゃんは天国へ還っていきました。

ものすごい悲しみの中で、まなちゃんが人生1回分の魂を使って私たちにくれたメッセージを一生懸命探しました。妻も同じ気持ちだったと思います。

そして、私は「ちちとママ、一生仲良くするんだよ」という、メッセージを汲んだのです。妻も同じメッセージを汲んでいました。

まなちゃんは、自分の人生を1回使い、妻と私にそれを伝えようとしてくれたのです。

離れ離れになっていた私たちの心を、愛の側で繋《つな》いでくれたのが、まなちゃんの魂でした。そこから、私は変わりました。妻との関係も「瞬間瞬間を大切にする」と完全にパラレルを変えました。

実際にそれが、まなちゃんの導きだったかどうかはわかりません。それでも、まなちゃんは、妻と私が仲良くなったことを、いちばん喜んでくれていると思います。

まな。「眞那」という字ですが、仏教で時間の最小単位を「1刹那」と言います。その瞬間瞬間を真心でいる。そのような思いを込めて名付けました。

亡くなった魂が、すぐそばにいるという実感

それ以来、私は「眞那ちゃんの分も生き切る」と決めました。そして、いつも私の周りにいるというか、意図すれば、眞那ちゃんが導いてくれているのを感じます。

妻に対して感情的になりそうなときも、「ああ、眞那ちゃんが悲しむよな」と思うと、

気持ちが鎮まっていきます。

この世界の仕組みを、量子力学的にかなり深く理解できるようになってからは、眞那ちゃんの周波数帯をもらい受け、メッセージを汲み取れるようにもなりました。

「ああ、そうだったのか！」という気づきも、たくさんもらいます。

最近は、こんなことがありました（ちなみに、眞那ちゃんは、私のことを〝ちち〟と呼び、妻を〝ママ〟と呼びます）。


「ちちのところに、子どもたちがワーッと寄ってくるでしょ。あれ、眞那がやってるの。眞那はちちの中にもいるから。眞那は、子どもたちと楽しみたいの」


なるほど、そういうことだったのか……。

かつての私は、子どもと無邪気に遊べるような人間ではありませんでしたが（どちらかというと苦手でしたが）、それが自然にできるようになったのは、眞那ちゃんの周波数が加わったからだと、理解できました。

「でも、大人の人たちはわからないの。経営者の人とかは、おじいちゃんがやってる。おじいちゃんもちちの中に入ってるよ」

これも意外な気づきでした。眞那ちゃんだけでなく、祖父も私の中にいて、周波数を加えてくれていたのですね。

天台宗の堀澤祖門先生を始め、臨済宗の横田南嶺先生、プロ野球の監督さんなど、ふつうなら逆立ちしてもお会いできないような方が、私を応援してくださっているのは、そういう理由もあったのかと、合点がいったのです。

本当にありがたいと、感謝の気持ちでいっぱいです。

亡くなっても、その魂は、いつもすぐ近くや自分の中で応援してくれていること。

そして、周波数を加えてくれていることを、眞那ちゃんの教えで実感できたのです。

あなたがこの世に生まれてきた目的

自分はなんのために生まれてきたのか?

何をするべきなのか？

多くの人は、それがわからずに悩みます。私もその一人でした。

眞那ちゃんがそうであったように「〝ちち〟と〝ママ〟を仲良くさせるために宿った」という命もあるのです。

幸いにも私は、量子力学から〝気づき〟を得ることができました。私の人生がうまくいっていないのは、すべては自分が発した波の結果だ――と。

すべては周波数なのです。自分がどんなフォトンをぶつけ、どのように場を揺らすかによって、現象が引き起こされるのです。


私は、子どもの頃から、「地球平和を実現したい」と思っていました。小学2年生のときに、アフリカの栄養失調の子どもたちの映像を見て、「なんでこんなことが起こっているんだろう？」「じゃオレだったら何ができるか？」「どうやったら地球を平和にできるか？」と考えるようになりました。

そして、量子力学を通じて気づきを得た今、いろいろぶつかることはありましたが、足掛け40年。〝壮大な夢〟が〝実現可能なミッション〟だと思えるようになっています。

あなたの素粒子のスキマは、そもそも愛の周波数のゼロポイントフィールド。それは今あなたの中に存在し、あなたはそこから生かされています。このことに気づくことで日常のありがたさにも気づきます。

同じように、家族も職場の人も素粒子のスキマはゼロポイントフィールドです。あなたがそこに気づき、観測してあげることで、お相手の内側から愛が湧き上がっていきます。私たちの多くがその状態になっていれば、地球のそもそもの愛が湧き上がっていきます。なぜなら地球も素粒子であり、スキマはゼロポイントフィールドだからです。

すると、戦争や自殺、病気、貧困のない〝現象としての平和〟ではなく、「周波数としての平和」＝真の地球平和が現れ出てくるのです。今がその過渡期だと感じます。

私たち一人一人が、どのような周波数で場を揺らすのか？

どのようなフォトンを相手にぶつけ、場を揺らしてしまうのか？

憎しみのフォトンをぶつけ、お相手を〝鬼〟にすることもできます。反対に、愛・感謝のフォトンをぶつけ、お相手の本質にある〝仏〟を響き出すこともできます。

私たち一人一人の考え方一つで周波数が変わり、お相手も世界も大きく変わります。

もちろん、その周波数によって自分も変わるし、引き起こす現象も変わってきます。あなた自身の人生を幸せで愛・感謝にしていく。その周波数帯、パラレルワールドはそもそも存在している。そこに飛び移り、あなたがいつも幸せ・愛・感謝を響かせていることがそのまま、地球の本来の美しい周波数を湧き上がらせることになるのです。

開華のセミナーの受講生さんが非常にうれしい質問をしてくださいました。

「講師の村松さんが輝いているのはわかりますが、他のいろんなセミナーに行っても、受付などのスタッフはふつうの人です。でも開華の社員さんやトレーナーさん、2、3人でなく全員が全員輝いている。村松さんはどんな意図をされているんですか?」

私の意図は、「お相手の神性を祈りいだす」ことです。ゼロポイントフィールド側はそもそも存在するのですから、そこを見続け、そこが響き出るようにしているんです。これは父から教わったことです。

受講生さんが感じてくださるような、「内側から輝き、幸せを響かせ、常に自然と笑顔でいる人たちだらけ」になっていることが真の地球平和なんですね。

この本を読んでくださった方が、自分の美しいゼロポイントフィールド側から生きて、愛・感謝で存在することを実践してくださることを願っています。
そして、皆様お一人お一人の人生が幸福に満たされることをお祈りしております。

最後になりましたが、私を生み育ててくれた両親、共に育った兄弟、私の魂側を見て励まし続けてくれた妻、子どもたち。そして、眞那ちゃん。開華のスタッフ、開華のトレーナーのみなさん。この本の出版にご尽力くださった新井一哉さんと山城稔さん。倫理法人会の皆様。仏教界の先生方。私の考えに賛同し、支援をしてくださる多くの皆様。そして何より、読者の皆様とYouTubeをご視聴くださる皆様。すべての方のおかげで、今の私があると、心から感謝しております。
最高の自分を生かし、地球本来の美しさ、愛、悦《よろこ》びがそのままあふれ出ているような状態を日々、歩んでゆきましょう。

二〇二三年九月吉日

村松大輔

〈著者紹介〉
村松大輔（むらまつ・だいすけ）
一般社団法人開華GPE代表理事。1975年、群馬県生まれ。東京大学工学部卒業後、父の経営する金属製造業の会社に勤めるもうまくいかず、勤続13年を超えた頃についにうつ病を患う。その後、参加したセミナーで自分が自分を大切に扱うことを学び、うつ病も克服。2013年、脳力開発塾「開華」を設立。学力を伸ばすだけでなく、量子力学をベースとした脳力開発を目的とした学習塾スタイルを提唱する。成果はたちまち現れ、偏差値80台の生徒をはじめ５教科で学年トップを記録する生徒を多数輩出。また、スポーツでもフェンシング日本代表、空手道個人組手全国大会出場、卓球全国大会出場、レスリング東日本大会優勝など、多数の塾生が目覚ましい成果を上げる。その後、小学校から大学、企業の新人研修や幹部研修、経営者が集まる倫理法人会などさまざまな現場から講演依頼が殺到。YouTubeで配信しているセミナー動画では延べ900万回を超える再生数を記録するなど、その評判はさらに広がりを見せ、全国各地に活躍の場を広げている。著書に『「自分発振」で願いをかなえる方法』『時間と空間を操る「量子力学的」習慣術』『現象が一変する「量子力学的」パラレルワールドの法則』（ともに小社）、『すべてが用意されているゼロポイントフィールドにつながる生き方』（徳間書店）などがある。

最新理論を人生に活かす
「量子力学的」実践術

2023年10月30日　初 版 発 行
2024年６月20日　第５刷発行

著　者　村松大輔
発行人　黒川精一
発行所　株式会社 サンマーク出版
東京都新宿区北新宿 2-21-1
（電）03-5348-7800
印刷･製本　三松堂株式会社

ISBN978-4-7631-4076-0　C0030
ホームページ　https://www.sunmark.co.jp